礼记
儒家的理想国

周何——编撰

九州出版社
JIUZHOUPRESS

图书在版编目（CIP）数据

儒家的理想国 ：礼记 / 周何著. -- 北京 ：九州出版社，2017.7

ISBN 978-7-5108-5661-7

Ⅰ. ①儒… Ⅱ. ①周… Ⅲ. ①礼仪—中国—古代 Ⅳ. ①K892.9

中国版本图书馆CIP数据核字(2017)第174875号

儒家的理想国：礼记

作　　者	周　何
责任编辑	李黎明
出版发行	九州出版社
地　　址	北京市西城区阜外大街甲 35 号（100037）
发行电话	(010)68992190/3/5/6
网　　址	www.jiuzhoupress.com
电子信箱	jiuzhou@jiuzhoupress.com
印　　刷	北京盛通印刷股份有限公司
开　　本	787 毫米 ×1092 毫米　32 开
印　　张	8.5
字　　数	170 千字
版　　次	2017 年 11 月第 1 版
印　　次	2017 年 11 月第 1 次印刷
书　　号	ISBN 978-7-5108-5661-7
定　　价	48.00 元

【总序】

用经典滋养灵魂

龚鹏程

每个民族都有它自己的经典。经，指其所载之内容足以做为后世的纲维；典，谓其可为典范。因此它常被视为一切知识、价值观、世界观的依据或来源。早期只典守在神巫和大僚手上，后来则成为该民族累世传习、讽诵不辍的基本典籍。或称核心典籍，甚至是“圣书”。

佛经、圣经、古兰经等都是如此，中国也不例外。文化总体上的经典是六经：《诗》、《书》、《礼》、《乐》、《易》、《春秋》。依此而发展出来的各个学门或学派，另有其专业上的经典，如墨家有其《墨经》。老子后学也将其书视为经，战国时便开始有人替它作传、作解。兵家则有其《武经七书》。算家亦有《周髀算经》等所谓《算经十书》。流衍所及，竟至喝酒有《酒经》，饮茶有《茶经》，下棋有《弈经》，相鹤相马相牛亦皆有经。此类支流稗末，固然不能与六经相比肩，但它各自代表了在它那一个领域中的核心知识地位，却是很显然的。

我国历代教育和社会文化，就是以六经为基础来发展的。直到清末废科举、立学堂以后才产生剧变。但当时新设的学堂虽仿洋制，却仍保留了读经课程，以示根本未隳。辛亥革命后，蔡元培担任教育总长才开始废除读经。接着，他主持北京大学时出现的“新文化运动”更进一步发起对传统文化的攻击。趋势竟由废弃文言，提倡白话文学，一直走到深入的反传统中去。论调越来越激烈，行动越来越鲁莽。

台湾的教育、政治发展和社会文化意识，其实也一直以延续五四精神自居，以自由、民主、科学为号召。故其反传统气氛，及其体现于教育结构中者，与当时大陆不过程度略异而已，仅是社会中还遗存着若干传统社会的礼俗及观念罢了。后来，台湾朝野才惕然憬醒，开始提倡“文化复兴运动”，在学校课程中增加了经典的内容。但不叫读经，乃是摘选《四书》为《中国文化基本教材》，以为补充。另成立文化复兴委员会，开始做经典的白话注释，向社会推广。

文化复兴运动之功过，诚乎难言，此处也不必细说，总之是虽调整了西化的方向及反传统的势能，但对社会普遍民众的文化意识，还没能起到警醒的作用；了解传统、阅读经典，也还没成为风气或行动。

二十世纪七十年代后期，高信疆、柯元馨夫妇接掌了当时台湾第一大报中国时报的副刊与出版社编务，针对这个现象，遂策划了《中国历代经典宝库》这一大套书。精选影响国人最为深远的典籍，包括了六经及诸子、文艺各领域的经典，遍邀名家为之疏解，并附录原文以供参照，一时朝野震动，风气丕变。

其所以震动社会，原因一是典籍选得精切。不蔓不枝，能体现传统文化的基本匡廓。二是体例确实。经典篇幅广狭不一、深浅悬隔，如《资治通鉴》那么庞大，《尚书》那么深奥，它们跟小说戏曲是截然不同的。如何在一套书里，用类似的体例来处理，很可以看出编辑人的功力。三是作者群涵盖了几乎全台湾的学术菁英，群策群力，全面动员。这也是过去所没有的。四，编审严格。大部丛书，作者庞杂，集稿统稿就十分重要，否则便会出现良莠不齐之现象。这套书虽广征名家撰作，但在审定正讹、统一文字风格方面，确乎花了极大气力。再加上撰稿人都把这套书当成是写给自己子弟看的传家宝，写得特别矜慎，成绩当然非其他的书所能比。五，当时高信疆夫妇利用报社传播之便，将出版与报纸媒体做了最好、最彻底的结合，使得这套书成了家喻户晓、众所翘盼的文化甘霖，人人都想一沾法雨。六，当时出版采用豪华的小牛皮烫金装帧，精美大方，辅以雕花木柜。虽所费不赀，却是经济刚刚腾飞时一个中产家庭最好的文化陈设，书香家庭的想象，由此开始落实。许多家庭乃因买进这套书，而仿佛种下了诗礼传家的根。

高先生综理编务，辅佐实际的是周安托兄。两君都是诗人，且侠情肝胆照人。中华文化复起、国魂再振、民气方舒，则是他们的理想，因此编这套书，似乎就是一场织梦之旅，号称传承经典，实则意拟宏开未来。

我很幸运，也曾参与到这一场歌唱青春的行列中，去贡献微末。先是与林明峪共同参与黄庆萱老师改写《西游记》的工作，继而再协助安托统稿，推敲是非、斟酌文辞。对整套书说不上有什么助益，自己倒是收获良多。

书成之后，好评如潮，数十年来一再改版翻印，直到现在。经典常读常新，当时对经典的现代解读目前也仍未过时，依旧在散光发热，滋养民族新一代的灵魂。只不过光阴毕竟可畏，安托与信疆俱已逝去，来不及看到他们播下的种子继续发芽生长了。

当年参与这套书的人很多，我仅是其中一员小将。聊述战场，回思天宝，所见不过如此，其实说不清楚它的实况。但这个小侧写，或许有助于今日阅读这套书的大陆青年理解该书的价值与出版经纬，是为序。

【导读】

打造一个有礼的理想国

周　何

谈到“礼”，给人的印象，不是很枯燥就是很严肃。从“礼”的仪式来看，的确是相当的枯燥乏味；从“礼”所具有维系国家社会、道德人心的功能上看来，显然也是非常严肃的。但如果是记载古代人物如何顺礼而行的事实，那就和看故事书一样地有趣味了；而如果能由这些小故事里，进而了解到许多礼仪形式的安排和设计，原来还有那么多深远的用心和社会教育价值时，那就更有意义了。

在过去，《礼记》是读书人必须要读的一部经书，就是因为这部书中，除了许多礼意的说明、礼事的记载外，还有更多有关正常生活必须知道的规矩，一般做人做事的原则，以及立身行事的人格修养等宝贵的资料在内。这些都是前人智慧的结晶，生活体验的累积，也是最适合我们中国社会状况和人文历史的文化遗产。时至今日，礼的形式当然会有很多改变，但是内涵的思想观念，却仍然应该具有重要的指导价值，让我们打造一个有“礼”的理想国。

也许古代的文言文，如今形成了直接阅读的障碍，加上已经习惯于法治的生活观念，很容易让人忽略了实际上根植在我们心底的传统意识。因此如能利用平浅通俗的文字，趣味故事的转述，加上必要的分析说明，让人人都能从《礼记》中重新体认这些宝贵的文化精华，对现代社会仍然具有的指导价值，我想这应该是一件最值得认真努力去做的事了。

目　录

【导读】打造一个有礼的理想国……7

前言——认识《礼记》……15

一、礼与《礼经》及《礼记》……15

二、《礼记》的性质与内容……23

三、《礼记》的研读价值……29

第一章　礼事的记叙……34

孔子合葬父母……34

孔子修墓……35

孔子闻子路之死……37

孔子哭伯高之丧……38

冉有代孔子致送丧赙……39

孔子哭宾馆主人之丧……40

孔子看人送葬……42

苛政猛于虎……43
童子汪踦为国牺牲……45
司城子罕哭卫士之死……46
立庶子不立嫡孙……48
孔子主持射礼……50
孔子之死……52
弟子为孔子服丧……55
孔子的坟……56
弟子对孔子言论的讨论……58
子夏哭儿子之丧……62
同母异父兄弟的丧服……63
曾子称赞晏婴知礼……65
曾子责备蕢尚的失礼……67
曾子过犹不及……69
曾子病危时换席……70
不食嗟来食……72
石祁子知礼……74
鲁庄公为士追赠诔谥……75
晋献公杀太子申生……77
秦穆公吊公子重耳……79
季武子准许杜氏哭葬于庭院……83
鲁襄公赠礼楚康王之丧……84
邾娄定公论逆伦的凶案……85

容居的狂妄无知 87
善颂善祷 89
赵文子论人 91
柳庄劝卫献公不可偏心 94
卫献公吊柳庄之丧 96
成子高的遗言 97
国子高论葬事 98
杜蒉罚酒 100
太宰嚭据礼矫正夫差 103
子服惠伯不以私废公 105
周丰讽喻鲁哀公 106
鲁哀公为妾服丧 108
孟敬子不守礼 109
鲁穆公哭齐国大夫之丧 110
罢市求雨 112
子思论臣为旧君之丧 114
子思哭改嫁母亲之丧 116
子思不为改嫁母亲治丧 118
陈子亢取消用人殉葬 119
季子皋葬妻 121

第二章　礼意的说明 123
冠礼的意义（一） 123

冠礼的意义（二）……126
冠礼的意义（三）……129
婚礼的意义（一）……132
婚礼的意义（二）……136
婚礼的意义（三）……139
婚礼的意义（四）……141
丧礼的意义（一）……144
丧礼的意义（二）……147
丧期的意义（一）……150
丧期的意义（二）……153
丧期的意义（三）……155
祭礼的意义（一）……161
祭礼的意义（二）……163
祭礼的意义（三）……164
孔子论主祭和助祭者的不同……167
孔子论礼教的功用……173
孔子论礼的表现态度……176
孔子论守制的用意……178
孔子论治丧的标准……180
孔子论蜡祭……181
曾子论哭的声调……183
曾子论礼器的用途……184
礼有权宜的变化……185

孔子论孝......187
曾子论孝......189
乐正子春论孝......190
孔子论大同和小康......193
制礼的因素......199

第三章　品德的修养......203

儒者的典型（一）......203
儒者的典型（二）......206
儒者的典型（三）......207
儒者的典型（四）......208
儒者的典型（五）......209
儒者的典型（六）......211
儒者的典型（七）......212
儒者的典型（八）......213
儒者的典型（九）......214
儒者的典型（十）......216
儒者的典型（十一）......217
儒者的典型（十二）......219
儒者的典型（十三）......220
儒者的典型（十四）......221
儒者的典型（十五）......222
儒者的典型（十六）......223

儒者的典型（十七）……225
进德修业的《大学》三纲八目……226
什么是"诚其意"……230
"中"与"和"……232
"诚"的修养……235
好学、力行、知耻……237
音乐的内涵与功用（一）……239
音乐的内涵与功用（二）……242
礼乐的精神价值……245
子夏论乐……249

第四章　生活的规范……252

对父母的礼（一）……252
对父母的礼（二）……255
对父母的礼（三）……257
对长者的礼……260
对老师的礼……263
男女界限的礼……265
幼童教育（一）……267
幼童教育（二）……268
一般生活规矩……270

前言——认识《礼记》

一、礼与《礼经》及《礼记》

（一）礼

人类聚居，组织家庭，形成部落社会以后，由于情感和理性的作用，在人际关系中，自然产生了一些维系彼此共同生活实际需要的原则。这些原则最初也许只是一些抽象的概念，经过我国古代聪明睿智的领导者先后着意地强调，使之具体化，更予以普遍推广实行之后，在社会人群中也确实发生了维持秩序的效果。于是逐渐发展而形成中国固有传统文化中，色彩最浓厚、影响最深远的重要单元，那就是“礼”。

人与人因共同相处，自然会产生情感，但相处时间有久有暂，情感的表现当然就有深浅厚薄的不同，相对地人际关系也就有了亲疏远近的差异；如果再加上浓淡深浅不同的血缘关系，这种差异性就显得错综而复杂，绝非简单的条理所能说得清楚。古代圣哲注意到这种差异性的存在，而且也发现这种差异性可能在人群生活中产生很大的影响作用，于是就因势利导，依据现有的家族状况，制定了宗法和丧祭的制度。一方面凭借着亲疏远近差异性的强调，来倡导人们对祖先应有的尊敬崇拜，以及对子孙晚辈应有的慈爱抚育，同时也激励自身对于承先启后、历史责任的体认，进而促使每一个人对整个家族产生强烈的向心力，由此建立根深蒂固的家族观念和伦理思想。另一方面由于对差异性的强调，首先必须细察区分这些错综复杂的人际关系，以及彼此相互对待程度上的差异，于是“礼”的内涵又兼有名分和秩序的观念。名分和秩序观念的建立，实际上就是国家组织、社会制度的张本，因此凡是尊卑等级、设官分职、观象授时、体国经野等事项，都归属于礼的范畴。

还有，人与人接触以后，必然会有许多事情发生，事有真伪曲直，也有多寡得失，其间自然免不了有许多争执纷扰，但因经由理性的发挥，再加上开阔的环境、温和的气候等自然因素的影响，逐渐确定了共同认定的是非观念和评判基准，然后才足以使这些事情都能得到合理的解决，也才足以使社会人群的生活都能获得持续性的平和与宁静。这种共认的是非观念和评判基准的形成，原本是任何民族在发展的过程中所必然具备的，但是我国古代的圣哲，却特意地把这些观念予以提炼凝聚，形成了传统的道德观念和中庸思想。再经过若干人的发挥宣扬，终于成为个人生活行为规范、群众社会秩序，也就是所谓修己治人的基本原则。

这些代表纯粹中国文化的重点，也都归属于礼的范畴。所以孔子说："不学《礼》，无以立。"意思是说不学礼就无法立足于社会，甚至可以说不足以成为堂堂正正的中国人。清代曾国藩也曾说过："先王之道，所谓修己治人，经纬万汇者何归乎？亦曰礼而已矣。"所谓修己治人，经纬万汇，那就是说小自个人修身，大至治国平天下，都应该包含在礼中，由此可见礼的内涵和外用，范围真是广泛而浩大。

（二）《礼经》

礼的作用与范围既是如此广泛，理想目标又是如此的高远，而其本身的内涵又仅限于抽象的概念或思想，如果只靠少数知识分子的体认和宣扬，可以想见终究是不可能有多大效果的，因此在期望普遍实效的要求下，必然会设法使理想与现实结合，使抽象的变成具体的，使少数人所能认知的道理成为大众化的常识。最简便而易行的，就是根据既有的生活状况，稍予整顿改良，形成固定而规律化的生活方式。一方面使人们易于遵行既定的生活准则，一方面可以让一般人在习惯中，潜移默化地接受各种建设性或限制性的要求，另一方面知识水平较高的人，也可以就此生活方式逐渐体认其实质精神之所寄托，再从而予以倡导宣传。这样才能使极其抽象的崇高理想在社会人群中生根，也才能在现实生活中获得普遍而深入的传播效果。于是许多配合理想的目标，而又适合共同生活需求的礼制，经由陆续的修订增改，一直相沿通用于历代社会。

礼制虽然是代有因革，有不少制度早已随时代的转移，渐渐僵化而失去作用，然而其内涵及适合民情需要的基本精神，却是始终不变的，而且其在当时所产生的社会价值，仍然是永远值得后世作为重要的借鉴。换句话说，如果我们今天想知道古代社会人群是怎样维系其共同生活秩序的？传统教育是怎样达成其理想的要求的？东方文化所呈现的独特色彩是如何形成的？如此广大的幅员，如此众多而复杂的种族，几千年来，如何能始终在保持大一统的形态下，创造其悠久的历史？类似这些重大的研究课题，都必须依赖对礼制方面作深入的研究，才能获得满意的答案。

当时的礼制，如果为了方便流传而用文字加以记录，这些资料可能就会保存下来，譬如汉以后的史家们都知道礼的重要，在修史书时往往都有《礼书》、《礼乐志》、《礼仪志》等篇卷的记载，数量还相当多，供研究的资料也非常丰富。但是先秦时代有关礼制的资料却保存不多，而这个时期的礼制，在理论上却又是非常重要的，一方面因为这等于是后世礼制的源头；另一方面，这些礼制曾经周公、孔子整理过，可以看作儒家以礼乐为重心的教科书，可以看出一些制礼的原则和礼义的讯息，当然显得重要得多了。

所以在《庄子·天运篇》里，《礼》已被列为“六经”之一，这说明了在战国时《礼经》见诸文字和流传的情形。《礼记·礼器篇》说：“故经礼三百，曲礼三千。”又《中庸篇》也说：“礼仪三百，威仪三千。”“曲”是委曲详尽的意思，曲礼当指生活行为仪容举止方面的详细规定，这是专指日常生活中一些细小的行为规矩，我们现在有民众生活须知，制作的用意和古代的曲礼大致相同。这些细微末节的规矩予以条文化之后，三千条的数字其实也不为多。既然大都属于生活行为仪容举止方面的规矩，所以也可以称之为“威仪”。三千条的全文，如今早已不传，不过在《礼记》的《曲礼篇》、《少仪篇》、《内则篇》等处，多少还可以看到一部分，这些应该也是周、秦时代的礼文资料。

我们现在还有一种民众礼仪规范，这就有点像古代的《礼经》了。《礼经》的内容都是正式而重大的典礼，有固定专门的用途，也有一定的仪节秩序。如冠礼、昏礼、丧礼、祭礼等，与曲礼的内容和性质都不相同。至于三百之数，当然是大概的计算。在汉代初年，只有高堂生传下来的十七篇，这就是流传至今的《仪礼》，当时称为《礼经》，倒过来称为《经礼》也未始不可。这十七篇的篇目有礼有仪，所以称之为《仪礼》，或是称为《礼仪》，也是一样的。后来在孔子家的墙壁中又发现了五十六篇的古文《仪礼》，这五十六篇现在是看不到了，虽然这五十六篇也并不是全本，但是至少可以让我们相信原本有三百篇的数字，不见得不可靠。可惜的是那么多的礼文资料，如今只能看到十七篇，就保存的数量而言，的确是太少了。然而周、秦时代，成套而完整的礼制，也只有这十几篇可供作深入研究的依据，所以自汉以来，一向都非常重视这份礼文记载，因为这毕竟是所能见到最早而颇具完整性的资料。

汉武帝建元五年（公元前136年）设立五经博士，先后在学官中专门讲授《礼经》的学者，有后仓和他的弟子戴德、戴圣等人，其中以二戴最为知名。“二戴”所讲授的虽然同样都是《礼经》，但对十七篇的次第安排却有不同，后人为了便于区别起见，分别称之为“大戴”和“小戴”，对他们所讲授的《礼经》，则分别称之为《大戴礼记》和《小戴礼记》。由二戴《礼经》篇次的不同，至少可以想见他们对于礼经重点价值的看法，可能有相当的差距，这些差距的直接影响，就是二戴各自选编内容篇目不同的《礼记》。

（三）《礼记》

《礼经》原只是为了便于推荐给社会，使能普遍通用才见诸文字的，所以其实用的功能大于学术价值。严格点说，那只不过是行礼如仪的一纸秩序单而已。后人如果希望从这里面找出一些当时的社会观念、当时人的意识形态，或是希望了解某些典礼的精神价值，某一仪式的安排究竟是何用意等问题，这就必须仰赖一些阐述或说明的文字才行，而这类文字有不少保存在《礼记》里面。因此可以说没有《礼经》，我们无从获知古代的礼制究竟是什么样子；但没有《礼记》，我们更无法了解这些礼制的真正精神与用心。这样说来，《礼经》固然有价值，而《礼记》的价值可能更高。

《礼记》的产生，最初也许是有人阅读《仪礼》，心领神会之余，有所感发，随手就把意见附记在经文的后面。今本《仪礼》十七篇中，十一篇的末尾都附有“记”文，这些都是早期《礼记》附经而作的痕迹。然而每篇后面的余简毕竟有限，每个人所需要表达的意见又很多，前人既已占有了余简，后人就只好另外想办法了，所以很自然地就由附经的形态演变而至单独成篇。单独成为散篇，摆脱了经文后面余简空间的限制，数量一定会增多，内容也一定会扩张范围，后人在搜集整理时，必然是依照内容性质相近者归为一类。就如《汉书·艺文志》的记载，有《明堂阴阳》三十三篇，《乐记》二十三篇，《孔子三朝记》七篇等，显然是同类合并计算的结果。如果内容性质不同，无法提出共同的类别标题予以归并时，就只好总集在一起，泛称之为“记百三十一篇”了。无论是分别归类，或是总合在一起，其“三十三篇”、“七篇”、“百三十一篇”等的记载方式，也显然足以证明《礼记》原是独立散篇的形态。一直到二戴在学官中讲授《仪礼》，各自编选《礼记》之后，《礼记》才由散篇而正式成为专书。

《仪礼》只是详细的典礼秩序单，讲授起来不仅乏味，而且除了揖让进退、遵礼行仪之外，的确也没有什么好讲的。要想把《仪礼》讲授得生动活泼，而且很有意义，势必要借重那些内容非常丰富而庞杂的散篇《礼记》才行。于是当时二戴各自依照自己讲授重点的需要，从这些散篇的《礼记》及其他有关的书籍中，选编了辅佐教学用的参考资料。戴德选了八十五篇，戴圣选了四十九篇，各自汇编成书，从此以后，世人就称戴德所编的为《大戴礼记》，称戴圣所编的为《小戴礼记》。

后汉郑玄从马融受习《小戴礼记》，为《小戴礼记》作注之后，《小戴礼记》不但因此而成为定本被保存下来，在汉灵帝时候刻《熹平石经》，这部书也被列为七经之一，一直流传至今。但可惜《大戴礼记》却没有如此幸运，没有像郑玄这样的一代大儒为之作注，当然就流传不广，于是渐渐散失，今存仅有四十篇而已，连一半都不到。在传世的历程中，虽然是有幸有不幸，有的保存下来，有的早已散失，有的被列为经书，后世读书人都要读，有的却不入经，不太受人重视，其篇目内容也有异同，然而如果追究其渊源，可以说是完全相同。所以就学术价值言，应该是等量齐观，不容偏废的。

不过，从前的读书人大都只读《小戴礼记》，目前各大学的中文系或国文系内，讲授《礼记》的老师大概也只教《小戴礼记》，其原因可能就是由于《小戴礼记》曾被列为经书，而且《大戴礼记》本身亡佚过半，不如《小戴礼记》比较完整；加以现在大学里用以讲授的时间毕竟有限，专讲一部也不见得能讲多少，如果两部《礼记》都要讲到，恐怕两边都只能做到点缀一下而已。与其如此，不如专讲《小戴礼记》，收效还可能多一些。因此本文讨论的范围，也只以《小戴礼记》为主。其实这两部《礼记》，其价值和性质是一样的，对《小戴礼记》有了相当的了解，然后再读《大戴礼记》，绝不会感到陌生的。

二、《礼记》的性质与内容

(一)《礼记》的性质

知道了《礼记》成书的经过，应该了解这是一部专记礼事散篇杂文的丛编。各篇的原作者是谁，过去有各种不同的传说，但显然不是一时一地一人的手笔。自孔子以后，一直到西汉初期，很多人都可能写下这类的文字。地区大约是在齐、鲁一带，但也不能十分确定。所以其内容性质绝不可能像个人著述那样的单纯、有体系和观念统一。

就早期附经而作的形态而言，主要的根据还是在《礼经》，因此内容大概不外乎说明礼义，或是补礼文所不足。后来单独成为散篇时，不再受《礼经》的限制，内容范围自然会扩大，只要是针对礼事可以发挥阐述或加以讨论的题目，都可以纳入此一范围以内；甚至于过去的某些礼制仪式，由于偶然因素所引发的改变，或是某些人行事切合礼义，某些人执礼有所偏差，以记事的方式写下来，供后人作为参考的文字，也都可以归属于《礼记》。

孔颖达《礼记正义》在《礼记》大题下就说："或录旧礼之义，或录变礼所由，或兼记体履，或杂序得失，故编而录之，以为记也。"由此可见这些记礼的杂文内容的确很杂。

到了二戴选编成书时，其作用在于辅助教学，而且各自选择的重点并不一样，因此在他们编选时不一定是整篇的引进，大部分都是东选一段，西选一段，然后按内容性质相近者拼凑在一起。最显明的如《曲礼》、《檀弓》等，由百多段零散的短文连缀而成；不大明显的如《三年问篇》，是由《荀子·礼论》中的一段加上《论语·阳货》中的一段拼合而成。像这种情形，“二戴”《礼记》里可说是比比皆是，时常可以发现有彼此重复，前后不同，甚至也有相互矛盾的文字出现。

所以，《礼记》这部书不可能有完整的体系，也无法要求其观念的统一，不仅是杂，甚至于乱。不过我们不能由于认定这是杂乱的丛编，而贬低了它的学术价值，因为它不像其他个人或某一集团少数人的作品，在思想形态等方面的表现，往往是经过整理或过滤，而后具有首尾贯通的统一性。这种杂乱的观念，应该可以视作存真的特色，而给予更高价值的评定才是。

（二）《礼记》的内容

前面说过，本文讨论系以《小戴礼记》为主。《小戴礼记》相传都说是四十九篇，今本也是四十九篇，但是其中《曲礼》、《檀弓》、《杂记》三篇，大概是由于篇幅太长，各分上下，所以如果就篇题来计算，实际只有四十六个篇题。这四十六篇的内容，简述如下：

（1）《曲礼》　以日常生活中许多细小的行为规矩为主，兼及朝廷社会上各种称谓等的说明。

（2）《檀弓》　杂记当时人行礼得失的事迹或言语，大抵以与丧礼有关者为多。

(3)《王制》 记述王者应有的行政制度，虽然也有历史背景的依据，但其中还是有不少托古改制的理想之言。

(4)《月令》 记述一年十二月中自然气候的变化特征，以及每月之内适应气候变化，设计安排所应该做的各种事务。

(5)《曾子问》 以孔子与曾子答问的方式，对丧制和丧服方面，作比较深入的特殊问题的讨论，足以补《仪礼》之不备。

(6)《文王世子》 记述世子培养品德，修饰言行的方法，并说明世子侍奉君父所应有的态度与行为。

(7)《礼运》 说明礼的兴起和因应时代进化所产生的演变与发展的趋势。

(8)《礼器》 由礼的外表形式观察所得，探索礼的内涵精神，提出时、顺、体、宜、称五种立礼原则的讨论。

(9)《郊特牲》 杂论各种专礼中应该注意的事项，并讨论某些仪节设置的用意和原则。

(10)《内则》 大抵记述在家庭生活中，为人子女者应如何侍奉父母翁姑的许多细则，连带涉及饮食及教养子弟的方法、层次等问题的讨论。

(11)《玉藻》 记述天子、诸侯、大夫、士等人生活起居方面所应适时注意的事项，以及衣服、饮食、容貌、称谓等法制的规定。

(12)《明堂位》 记述鲁以侯国而能拥有天子礼乐的缘由，

进而说明鲁国兼备虞、夏、商、周四代礼乐的内容和盛况。

（13）《丧服小记》 为《仪礼·丧服》作补记，比较偏重在士丧服制方面。除了补记丧服之未备，并阐述其缘由外，又涉及宗法礼制的说明。

（14）《大传》 说明治理天下必须以亲亲为基础，而后往外推展的道理，并由此推论到宗法及服制等问题。

（15）《少仪》 杂记与人交往之间许多应该注意的琐细行为规范，与《曲礼》篇的内容性质很相近，不过此篇以少事长、卑事尊的事类较多。

（16）《学记》 记述古代大学中教学的目标、方法、效果及基本的理论，并检讨教学上所以有得失兴废的缘由。

（17）《乐记》 说明礼乐对社会人心的教化的功能，进而陈述音乐理论的内涵和外用。

（18）《杂记》 杂记诸侯以至于士的丧礼，而以有关丧制细节的补充说明为多。

（19）《丧大记》 杂记诸侯、大夫、士各种不同身份的丧制，尤以有关器物方面的介绍很详细。

（20）《祭法》 杂记有关日月山川等的外祭、丧礼中的殓葬吊祭以及宗庙制度等事。

（21）《祭义》 说明祭祀的义理由来和作用，由于祭是孝养的延长，因而推论孝亲敬长之道。中间夹有《乐记》篇的一段错简。

（22）《祭统》 说明祭祀的本体要旨，区别祭礼凡有十类，并各予以现实意义的解释，而后统归于推行政教的社会作用。

（23）《经解》 由六经对社会民俗深具指导作用的影响，说明六经的教育宗旨和特色的不同，而归本到礼为领导政教的主要关键。

（24）《哀公问》 记述鲁哀公向孔子问礼、问政之事，内容以解说为政先礼，礼为政教之本的理论为主。

（25）《仲尼燕居》 记述孔子为弟子讲论礼乐政教之道，主要在说明礼对社会政教所具有的指导作用。

（26）《孔子闲居》 记述孔子与子夏的几段答问，也是在阐述礼乐的特性与作用，但比较偏重于抽象的精神方面的内涵解说。

（27）《坊记》 说明礼所具有消极节制作用的特性，目的在于事先的防范，由是而可减少罪恶过错的发生，从而建立健全的行为准则。

（28）《中庸》 阐释中正平和的思想内容，说明这是修己治人最完美，也是应用最普遍的修养目标。

（29）《表记》 由内在思想道德的培养，到外在行为仪表的敬慎，说明君子所应该努力修持的种种目标。

（30）《缁衣》 说明在上位的君子应该具备相当的道德水平，以德化民，以自身为标榜，然后才能达到安国治民的政治理想。

（31）《奔丧》 记述士在外，获知亲人亡故，由远方匍匐奔丧的礼仪形式。本篇应当归属于《仪礼》，而不是《礼记》的性质。

（32）《问丧》 解释《仪礼·士丧礼》中某些形式设置的用意，进而说明丧礼原乎人情而为之制的作用，及其对社会政教有所影响的重要性。

（33）《服问》 依据《仪礼·丧服》，对丧服的礼制作进一步的说明。

（34）《间传》 对丧礼的仪节和服制作综合性的记述，而特别注意亲疏远近、轻重厚薄之间的差别，有精审的说明。

（35）《三年问》 阐释服丧的期限何以有长有短，以及称情而立文以区分等差定制的道理，借以说明丧制的最终目的在于促进家族之团结与社会之安定。

（36）《深衣》 说明深衣的制度，及其应乎规矩权衡的用意。

（37）《投壶》 记述主人与宾客宴饮之间，讲论才艺的投壶礼制。本篇也应该归属于《仪礼》一类。

（38）《儒行》 由各种不同角度，说明儒者所特有的道德行为，借以显示真正的儒者不同于凡俗的可贵之处。

（39）《大学》 阐述儒家由个人修身以至于治国、平天下的修为方法，由内圣而达于外王的终极理想，是一套体系完整，内容博大精深之学。

（40）《冠义》 解释《仪礼·士冠礼》中某些仪节设置的用意，进而说明冠礼所以成人的作用，及其影响社会政教的重要性。

（41）《昏义》 解释《仪礼·士昏礼》中某些仪节设置的用意，进而说明婚礼能使家族长久兴盛团结的作用，及其影响社会政教的重要性。

（42）《乡饮酒义》 解释《仪礼·乡饮酒礼》中某些仪节设置的用意，进而说明乡饮酒礼促使体认尊卑长幼、慕贤尚齿的作用，及其影响社会政教的重要性。

（43）《射义》 解释《乡射礼》、《大射仪》中某些仪节的设置原意，进而说明射可以观德，故由射取士的作用，及其影响社会政教的重要性。

（44）《燕义》 解释《仪礼·燕礼》中某些仪节设置的用意，进而说明燕礼促使君臣一体，人和政通，及以威仪等差示民有常的教育作用。

（45）《聘义》 解释《仪礼·聘礼》中某些仪节设置的用意，进而说明聘礼所以使诸侯之间交相聘问、轻财重礼的作用。

（46）《丧服四制》 阐释制定丧服所依据的恩情、义理、节制、权宜四种原则的含义，并由此说明丧服制度的内涵精神和作用。

三、《礼记》的研读价值

诚如前面所说："礼"在过去曾经是维系社会人群生活秩序的重要因素，曾经是我国传统文化中色彩最浓厚、影响最深远的重要单元，在时下知今而不知古，崇洋而不知立本的风气之下，对现代中国人的生活意识形态而言，"礼"仍然是最具指导作用，也是最具实际效果的了，可惜一般人对这传统文化精华的体认实在太少。而周、秦之间那些早期最具渊源特色的礼文制度，又因时湮代远，大部分已经失传，所剩下来比较完整的只有《仪礼》的十七篇而已。就算是专心研读这十七篇的礼文，也不过是了解其仪节进行的程序而已。

古今生活形态和方式已有很多不同，恐怕也很难看出些什么道理来。况且我们今天来研究古代礼制，绝不是有意复古，古代的礼制事实上也绝不可能重新施行于现代；因此我们所努力探究的，应该是这些旧礼所蕴藏着的最适合我民族性需要的东西。那就是当初为什么必须设置这些礼制仪节的用意，也就是立礼的精神和原则，以及当时足以维系社会人心的实际作用和价值。这些东西单从礼文本身不一定能看得出其所以然，但是在《礼记》里现存有不少专为阐释礼义的篇幅，虽然大多只是点到为止，抽样地介绍一部分，然而对于如何从枯涩的礼文制度中去体察立礼的原意，至少可以由此获得不少启发和门径的指示。

其次，自汉以来，一向是尊奉儒家思想为学术的中心。然而我们所能掌握真正儒家学术理论的来源，实际上大都是间接表达方式的数据。譬如儒家经典中的《周易》、《诗经》、《尚书》、《周礼》、《仪礼》、“春秋三传”等，从这些典籍文字的表面，很不容易一目了然地看到其中心思想，必须经由阐述发挥之后，才能获知一部分的消息。能以直接介绍的方式作正面说明的，除了《论语》、《孟子》、《孝经》而外，只有在《礼记》中所保存的为最多了。就以《论语》、《孟子》来说，《论语》似乎比较偏多于实际生活行为的层面，《孟子》又夹杂有许多记述的文字，所以比较之下，《礼记》所载有关学术思想理论的直接说明，确实要算是资料最丰富的了。所以，就探讨儒学理论的重心而言，《礼记》应该是一部必读之书。

再者，由于社会形态的急剧改变，人们往往不容易把握自己应有的适当的生活意识和目的，因此更谈不到社会共同道德观念的建立。尤其是家庭教育濒临破产的现状下，年轻的下一代缺乏正确生活习惯的培养和人生指引，社会上形形色色成败得失的个案，往往使他们感到无所适从，对是非善恶也根本无法辨别，于是在疑惑彷徨中很容易迷失了自我。严格说来，这原本不是他们的罪过，而应该归罪于我们中年以上的人没有尽到教导的责任，这是毋庸讳言的事实。

当然，我们究竟能拿出些什么东西来教导，或是应该给予什么样的指引？这些本身可能就是问题，但应该可以想到在《礼记》这部书里，有很多讨论这些问题的篇幅，小至于类似民众生活须知那样琐细的日常生活行为规范，中至于个人思想品德人格的熔铸，大至于社会秩序、国家体制等，种种基本原则或具体实施方案，可说是应有尽有。所以，无论就个人生活习惯的培养，行为品格的塑成，或是就伦理学、社会学、政治学等的观点，《礼记》仍然是一部必读的经典。

以上不过是就比较重大的价值观点举例说明而已，如果从礼学观点来看，其所以值得研读的价值当然绝不止此。只要有兴趣，由《礼记》这部书入门，渐渐往深处走，不仅是收获一定丰硕，而且还会发现这里面堂庑特大，境界高远，值得研究的东西实在是太多了。

不过在开始接触这部书的时候，对于一些比较艰深，或是比较专门性的部分，如纯粹讨论制度的《王制》、《明堂位》，介绍服饰的《玉藻》、《深衣》，专记仪节的《奔丧》、《投壶》，说明丧制的《丧服小记》、《丧大记》等篇，不妨暂时搁置。先由一些内容浅近、篇幅短小，而又比较含有趣味性、启发性的文字入手。譬如《礼记》里有不少小故事，由这些古代人物的言论或行事的记叙，大致对礼可以获得一些轮廓性的概念。

然后，再看看针对当时的专礼在仪式的安排上，很多深刻用意的说明，足以带着我们由平面而僵化的礼文数据，认识其立体而活生生的生命，而且引导着我们去思考礼对社会人生所具有的指导价值。再进而可以选择一些有关个人道德修养、品格培塑的文章来读，从这里可以了解儒家的教育宗旨和目标及对个人行为意识的要求。同时也可借此体认所谓传统中国人的典型，应该是什么样子的。

对内在道德品格的熔铸方面有所体认之后，对外在日常生活中，礼所要求具体的行为规矩，也就很容易了解其所以能具有指导生活意识，维系社会秩序的内涵意义了。像这样由浅入深慢慢地读，仔细地领会，相信对中国传统文化中，儒家思想直接影响历史社会最深厚，领导世道人心，意识形态数千年的礼教精神的体认，一定会有丰硕的收获。

基于上述阅读层次的要求，按照礼事的记叙、礼意的说明、品德的修养、生活的规范四类，从《礼记》中选出很多文字，截成一百一十四段短小的篇幅，介绍给现代的读者。为了使人人将来都能直接阅读《礼记》，因此除了根据《礼记》改写成浅近的语体文之外，把原文也附录在后面。文白对照来看，相信一定可以看得懂。而且限于篇幅，对于字词诠释，就不再作说明了。不过有些字面上看不出来的内涵意义，必须另加阐释才行，所以每段之后各加“说明”来做礼意的解释或提示。当然是希望尽力能把这项工作做好，但是由于《礼记》是一部代表儒家思想的经典，毕竟不同于通俗的文学作品，其内涵的深度有时不是字面的解释和翻译就可以完全表达的，所需要的不仅是时间和精力，还需要专门知识和理解的智能。笔者能力有限，才智不足，加上时间太迫促，不尽理想的地方一定很多，尚请读者多多原谅。

第一章　礼事的记叙

孔子合葬父母

孔子三岁的时候，父亲就已经过世了，所以孔子一直不知道父亲的坟墓究竟在什么地方。后来他的母亲死了，按照礼俗应该和他的父亲合葬在一起，可是又不知道究竟在哪里，只好把棺柩暂时停放在五父大道的旁边，准备借此引起别人的注意，然后才好打听确实的地点。

来往的人看到棺柩运到路边，都以为这是准备去下葬的，可是再看柩车上铺在棺盖上面的，却又是暂时停厝（cuò）所用的布帷。棺柩应该是停厝在家里的，怎么停到通衢大道上来了呢？当然就会有人觉得奇怪而探问缘由，既有人问，就好打听了。大路上来往人多，总会有人知道的。结果是有人告诉孔子，郰（zōu）曼父的母亲可能知道墓地所在。孔子访寻到郰曼父的母亲，问清楚了墓地的确实地点，然后才把母亲的棺柩合葬于防地。

【原文】

孔子少孤，不知其墓，殡于五父之衢。人之见之者，皆以为葬也；其慎也，盖殡也。问于郰曼父之母，然后得合葬于防。(《檀弓上》)

【说明】

丧礼中暂时的殡厝，和出殡准备下葬时，在棺柩上所用的装饰是截然不同的。又殡厝必须在家，到了路上应该是出殡准备下葬。孔子把母亲的柩车运到大路上，棺盖上却又盖着殡厝时所用的装饰，虽然不合礼制，但却因此而能探出父亲墓地的所在，使父母能够合葬在一起，这说明了礼可以有权宜的变化。

孔子修墓

孔子终于找到了在防地的父坟，把母亲的棺柩也合葬在一起之后，很感慨地说：

“我曾听人说过，在古代是只有墓穴，没有堆土而成高高的坟。可是，我是一个必须四方奔走的人，不能常住在这里，所以不能没有明显的标志。”

于是他也依照一般的习俗，把坟头筑成四尺高。坟筑好了，孔子就先回去了，他的学生留在墓地再作修整。后来下了一阵大雨，学生回来了，孔子就问：

“你们为什么那么久才回来？”

“防地的坟被大雨冲塌了！”

孔子没有说话。学生说了三次。孔子流下眼泪说：

“我曾听人说过，古人是从来没有修墓的事儿。”

【原文】

孔子既得合葬于防，曰：“吾闻之，古也墓而不坟。今丘也东西南北之人也，不可以弗识也。”于是封之，崇四尺。孔子先反，门人后。雨甚，至，孔子问焉曰：“尔来何迟也？”曰：“防墓崩。”孔子不应。三，孔子泫然流涕曰：“吾闻之，古不修墓。”（《檀弓上》）

【说明】

任何事都是有利有弊，所以在取舍之间，必须考虑利弊得失对我们的适合性。古代礼制，只有墓穴，填平就可以了，但没有特别的标记，很不容易辨认。后来堆土而成高高的坟，目标显著，也可以避免别人的随意践踏，但却又避免不了风雨的侵蚀，经常会有修补的需要。不容易辨认，并不是不能辨认；但是父母的坟遭受到损坏，做子女的心中所感到的悲痛难过，要比不容易辨认时的情况重得多了。所以孔子才会感慨地体会到，古人毕竟要比我们谨慎得多了，他们可能早就考虑到有风雨的侵蚀，不造高坟，所以也就没有修墓的事儿。

孔子闻子路之死

子路死在卫国，消息传来，孔子在住宅的庭院里准备了祭奠的几案。有人来吊祭时，孔子以代替丧主的身份，向来吊祭的人答拜。吊祭完了，请那位通知消息的使者过来，问他当时实际的情形，使者说：

“已经被砍成肉酱了！”

孔子立刻叫人把家里的那碗肉酱倒掉。

【原文】

孔子哭子路于中庭，有人吊者，而夫子拜之。既哭，进使者而问其故，使者曰：“醢（hǎi）之矣。”遂命覆醢。（《檀弓上》）

【说明】

孔子和子路没有亲属关系，然而师生情谊非常深厚，所以特地为他准备了哭祭的位置，并且以代替丧主身份来接受别人的吊祭，但是把位置安排在庭院里，以别于有亲属关系者，这正是丧礼特别重视划分亲疏远近的精神。至于听说子路死状很惨，叫人倒掉肉酱一节，表示孔子不愿再看到那种形状相似的东西，说明圣人仁德胸怀，有所不忍的意思。

孔子哭伯高之丧

伯高死在卫国，有人把消息带到鲁国来告诉孔子。孔子说：

“我和他认识不久，我应该在哪里哭他呢？如果是我的兄弟，我可以在庙中哭；如果是父亲的朋友，我可以在庙门外边哭；如果是我的老师，我可以在自己的房间里哭；如果是我的朋友，我可以在住宅的中门以外哭；普通相识的人，则可以在家以外的地方哭。如今对伯高的死，依情谊恰在深浅之中，如果我到家以外的地方去哭，似乎显得太疏远了些；但如果在自己的房间里哭，却又似乎嫌太重了些；这真是件难以处理的事儿。记得当初他是经由子贡的介绍来见我的，那么我可以到子贡家的中门以外的地方去哭他。”

于是就叫子贡作为伯高的丧主，而且交代子贡说：

“待会儿有人来吊祭，如果是你的朋友，因为你哭伯高而来慰问你的，你可以向他回拜答礼；如果是伯高的朋友，为哀悼伯高而来吊祭的，你不可以向他回拜答礼。”

【原文】

伯高死于卫，赴于孔子。孔子曰："吾恶乎哭诸？兄弟吾哭诸庙，父之友吾哭诸庙门之外，师吾哭诸寝，朋友吾哭诸寝门之外，所知吾哭诸野。于野则已疏，于寝则已重。夫由赐也见我，吾哭诸赐氏。"遂命子贡为之。曰："为尔哭也来者，拜之。知伯高而来者，勿拜也。"(《檀弓上》)

【说明】

人与人相处，有亲疏远近的不同，感情自然也有深浅厚薄的差异，所以相对的态度也应该有等差的区分。礼制的订定，其最显著的功用就是在于区分等差，能遵守这些礼制的规定，在行为举止上自会懂得分寸。孔子所考虑的，正是在于深浅厚薄之间如何才是合宜。而最后交代子贡的一段话，也是由于子贡只是暂时摄代的丧主，和伯高的家人为真正的丧主还是有所不同，所以告诉他如何应对答拜的分寸，这也是区分等差的意思。

冉有代孔子致送丧赙

伯高死在卫国，孔子当时在鲁国，得到消息之后，派人去致送赙 (fù) 物。人还没有到达，孔子的学生冉有已经用孔子的名义，代送了一束布和四匹马。

孔子知道了之后，就说：

“这样做是不对的！这么一来，徒然使我对伯高失去了表示哀悼的诚意了！”

【原文】

伯高之丧，孔子之使者未至，冉子摄束帛乘马而将之。孔子曰：“异哉，徒使我不诚于伯高。”（《檀弓上》）

【说明】

丧礼重在彼此的感情，而不在乎表面的形式。有这份感情，才有适合这份感情的哀悼表示，这种表示当然是完全出诸真诚的。像冉有这样自作主张，替孔子致送赙赠物品，这就变成形式上必须送礼而送礼了。而且冉有已经送了一份不是出自诚意的礼，如果孔子再送一份，不但是重复了，而且更显得没有诚意，所以孔子才有这样不高兴的表示。

孔子哭宾馆主人之丧

孔子到卫国去，刚好遇上前次来的时候，卫君招待他住宿的宾馆负责人的丧事，孔子进去哭祭的时候显得很悲伤。出来之后就叫子贡解下驾车时靠外边的马，当作赙赠礼物送给丧家。子贡说：

“您对自己学生的丧事，都没有送过马匹。今天要送马匹给宾馆负责人，岂不是嫌太重了些？”

孔子说：

“我刚才进去吊祭的时候，看见丧主因为我去吊祭而哭得很悲伤，当时我也深深受到感动而流下了眼泪。既然当时流了眼泪，总不能说我的流泪是没来由的吧，所以你照我的话去做就是了。”

【原文】

孔子之卫，遇旧馆人之丧，入而哭之哀。出使子贡说骖而赙之。子贡曰：“于门人之丧，未有所说骖；说骖于旧馆，无乃已重乎？”夫子曰：“予乡者入而哭之，遇于一哀而出涕，予恶夫涕之无从也；小子行之。”（《檀弓上》）

【说明】

礼的轻或重，是要和感情的浅或深相配合的。孔子和宾馆负责人之间的感情，当然比不上对学生的感情，所以看到孔子对宾馆负责人的丧事要送那么重的礼，子贡当然感到疑惑。然而孔子进去吊祭时，丧主表现得非常悲伤，使孔子感觉到丧主对自己确实是真情的流露，所以受到感动，也跟着流下了眼泪。既然人家对我表现了如此真挚而深厚的感情，我又怎能太过淡薄呢？所以一定要馈赠重礼。这正是礼尚往来的精神，也并没有错。

孔子看人送葬

孔子在卫国的时候，有一次遇到一队送葬的行列。孔子在路边仔细地观察，最后对他的学生说：

“这家人办的丧事确实做得非常好，足以作为榜样，让别人来跟着学习。你们都应该好好地看，好好地记住。”

子贡问：

“老师为什么这样地称赞他？”

孔子说：

“你看那孝子，在送棺柩去墓地埋葬的时候，一路上哭着，哭哭啼啼的，就像孩子舍不得离开父母一样地紧跟在棺柩的后面，慌慌张张地追赶着；葬完之后，回来的路上，却又是再三地踟蹰犹疑，就像是不敢相信如别人所说的，死者的灵魂真的会跟着自己回家去似的。”

子贡不以为然地说：

“这样三步一回头，五步一回头的走法，倒还不如快点回去，赶办安置神灵的虞祭，那不是更好点吗？”

孔子说：

“你们给我好好地记住就是了，说真的，我自己都恐怕做不到像他们那样的好。”

【原文】

孔子在卫，有送葬者，而夫子观之，曰:“善哉为丧乎！足以为法矣！小子识之。”子贡曰:“夫子何善尔也？”曰:“其往也如慕，其反也如疑。”子贡曰:“岂若速反而虞乎？”子曰:“小子识之！我未之能行也。”(《檀弓上》)

【说明】

“其往也如慕，其反也如疑”，足以看出孝子爱亲的真情流露，绝不是矫揉造作可比。丧礼本来就是以感情为主，能以真实感情来进行丧礼，所以孔子才会认为足以为难能可贵的榜样。安置神灵的虞祭虽然也很重要，但是如果把它当作必须这么做的仪式，而急忙地赶回去举办，那就变成太过于重视形式，而忽略可贵的实质了。就这一点来说，连孔子都自认未必能做到哩。

苛政猛于虎

有一天，孔子乘车从泰山的旁边经过，看到一个妇人在坟墓前面哭得非常伤心。孔子把手放在面前的轼上表示敬意，而且很注意地听着，然后又派子贡去问她：

“您哭得那么伤心，看来您一定有着极深的痛苦。”

那位妇人哭了一会儿，才回答说：

“您说得不错。从前我的公公死于虎口，后来我的丈夫也是死于虎口，现在我的儿子又死于虎口，怎能叫我不伤心呢？”

孔子问她说：

“既然此处老虎这么凶恶，你们为什么不离开这里呢？”

妇人回答说：

“这里没有繁重的税赋和劳役啊！”

孔子非常感慨地对他的学生说：

“你们要好好地记住，繁重的税赋和劳役对人民的压力，比老虎还要凶猛啊！”

【原文】

孔子过泰山侧，有妇人哭于墓者而哀。夫子式而听之，使子贡问之曰：“子之哭也，壹似重有忧者。”而曰：“然，昔日吾舅死于虎，吾夫又死焉，今吾子又死焉。”夫子曰：“何为不去也？”曰：“无苛政。”夫子曰：“小子识之！苛政猛于虎也！”（《檀弓下》）

【说明】

老虎虽凶猛，还是可以设法躲避的，繁重的税赋和劳役，严苛的政治，却使人无处可逃。所以合情合理的礼治社会，对当时而言，确实是太需要了。

童子汪踦为国牺牲

鲁哀公十一年（公元前484年）的春天，齐国的军队侵略鲁国，两军交战于山东曲阜近郊的郎邑。鲁国的公叔禺人遇见一个扛着兵杖的人，疲倦地走进城堡来休息。公叔禺人非常感慨地说：

“战争期间，兵役的调集虽然已经使人民辛苦得承受不了，赋税的征收虽然也已经繁重得使人民负担不下，但是看看我们这些在上面的人呢！那些在位的卿大夫们，没有一个真正能为国家尽心策划的；那些担任中下层职务的士，也没有几个肯为保卫国家而牺牲的。全国上下都是这样的话，那怎么行呢？我既然已经这样说了，至少我自己应该做到才是。”

于是他就和邻居的少年汪踦，一块儿冲往敌阵，结果两个人都为国而死在战场上。

鲁国人为他们两人举办殓葬，可是由于汪踦是个未成年的孩子，大家为了表示敬重，不打算用殓葬孩子的丧礼，而要把他看作成人一样，用成人的礼来为他办丧事。他们又不知道这样做合不合礼，于是就去请教孔子。孔子说：

“他既然能够拿起武器来保卫国家，虽然你们不愿意把他当孩子看待，而以成人之礼来办丧事，这哪里有什么不合理的呢？”

【原文】

战于郎。公叔禺人遇负杖入保者息，曰：“使之虽病也，任之虽重也，君子不能为谋也，士弗能死也，不可。我则既言矣。”与其邻童汪踦往，皆死焉。鲁人欲勿殇童汪踦，问于仲尼。仲尼曰：“能执干戈以卫社稷，虽欲毋殇也，不亦可乎？”（《檀弓下》）

【说明】

古代的男子，年满二十岁，为他举行冠礼之后，就称之为成人。年满二十岁之后死亡者，就照成人的丧礼来办丧事。如果年纪未满二十岁而死亡者，就称之为“殇”。殇之中还有等级，《仪礼·丧服》子夏作的传解释说：从十九岁到十六岁称之为“长殇”，从十五岁到十二岁称之为“中殇”，从十一岁到八岁称之为“下殇”，八岁以下称之为“无服之殇”。为未成年的人举办丧事或服丧，当然比成人的礼要简单得多。但是汪踦能拿起武器来保卫国家，他的表现和成人一样，所以孔子赞成用成人之礼来为他殓葬。同时也由此可见礼制并不是永远不能改变的，而是按实际的情况作适当的处置而已。

司城子罕哭卫士之死

宋国的阳门有个守门的卫士死了，司城子罕进入灵堂去吊祭的时候，哭得非常的悲伤。当时晋国派来侦察宋国情况的情报人员知道这件事之后，回去报告晋侯说：

"在阳门的一个卫士死了，子罕能为他哭得那么伤心，人民都深深受到感动。照这种情形看来，恐怕到现在我们还不能去讨伐他们。"

孔子听到了这件事之后，说：

"这个情报人员可真是了不起啊！他对敌国情势的观察，真是非常敏锐啊！《诗经·邶风·谷风》里说：'每当邻里间的人民有了丧事，我都应该赶快去尽力帮助他们。'有这样深得民心的长官，不要说是晋国，全天下还有谁能和这样上下一心的国家对敌呢？"

【原文】

阳门之介夫死，司城子罕入而哭之哀。晋人之觇（zhān）宋者，反报于晋侯曰："阳门之介死，而子罕哭之哀，而民说，殆不可伐也。"孔子闻之，曰："善哉觇国乎！《诗》云：'凡民有丧，扶服救之。'虽微晋而已，天下其孰能当之？"（《檀弓下》）

【说明】

丧礼原本就是以情感为主，所以丧礼的普遍推广，自然就能使人与人之间借情感的维系而更加亲密，进而便能促进家族、国族的团结与合作。《礼记·三年问》里，说到三年之丧的作用时，就已指出"人与人在共同生活之际，所以能够和睦相处，团结互助的道理，都在这里了"。（原文："人之所以群居'和'、'壹'之理尽矣。”）所以子罕能为一个卫士的死而悲伤，虽然看来是件小事，然而由此便可以反映出宋国的上下一心，团结互助，因此才能使晋国情报人员重视，让孔子也赞美不已。

立庶子不立嫡孙

公仪仲子的丧事，檀弓因为有亲属关系，于是就头上戴着绝（wèn）的丧饰去参加丧礼。到了他家之后，发现仲子没有用嫡孙，而是立他的庶子作为丧主，觉得很奇怪，檀弓就说：

“这是怎么回事？我从来没听说过有这样的事。”

于是赶快跑到大门的右边，找到子服伯子，问他：

“仲子不用他的嫡孙，而立他的庶子作为丧主，这是什么道理？”

伯子回答说：

“仲子也还是依照古代的方式来做的呀！从前周文王不立他的嫡子伯邑考而立武王，宋国的微子不立他的嫡孙腯而立庶子衍，不就是很好的前例吗？所以仲子也还是遵行古代的方式去做的，并没有什么不对呀！”

后来子游拿这件事去请教孔子，孔子说：

“他们做错了，应该立嫡孙！”

【原文】

公仪仲子之丧，檀弓免焉。仲子舍其孙而立其子。檀弓曰："何居（jī）？我未之前闻也。"趋而就子服伯子于门右，曰："仲子舍其孙而立其子，何也？"伯子曰："仲子亦犹行古之道也。昔者文王舍伯邑考而立武王，微子舍其孙腯而立衍也；夫仲子亦犹行古之道也。"子游问诸孔子，孔子曰："否！立孙。"（《檀弓上》）

【说明】

丧礼中谁担任主人，谁就是这一家族的代表，也就等于是这一家的继承人。所以只要看丧礼中立谁为丧主，也就是立谁为后的意思。因此立谁为丧主，就必然关联到继承的问题。殷、周二代的继承法是不同的，殷代是兄终弟及，也就是兄弟相承的。到了周代，建立了宗法制度，传嫡不传庶，如果嫡子死了，就传给嫡孙。这就是后代长房不能传给二房、三房制度的来源。公仪仲子是周代的人，而且郑玄注还说他是鲁的同姓，当然应该照周的制度，立嫡孙而不可以立庶子。至于子服伯子所引的两个例子，文王的时候还是在殷代，而宋国原本就是殷之后裔，如果引这两个例子，也只能证明殷代的兄弟相承，而不能作为周代制度的根据，所以孔子说他们做错了。

孔子主持射礼

有一次，孔子在矍相地方的一块空地上主持射礼。当时四面来参观的人像城墙一样厚，围得水泄不通。行过了乡饮酒礼之后，原先担任司正职务的人转任司马，准备马上要进行射礼的时候，孔子命令担任司射的子路，手里拿着弓箭走出来，邀请围观的群众来参观射礼。子路大声宣布说：

“凡是打过败仗的将军，自己国家已经灭亡的大夫，硬要过继给别人做后嗣以贪图别人家财的人，不可以进来；其余的请进入场内。”

这一宣布之后，大约走掉了一半，进场的有一半人。孔子又叫公罔之裘和序点举起酒杯，宣布规则。公罔之裘先举杯说：

“有没有二三十岁左右，而能懂得孝顺父母，敬爱兄弟的？有没有六七十岁以上，平时爱好礼义，不受时下风俗影响，能以品德修养，终其一生的？如果有的话，请到这边的来宾席位上来。”

于是又走了一半，只有一半的人到来宾席位上去。

接着序点又举杯，再作进一步的说明：

“有没有年纪轻轻的，而能爱好学习而从不厌倦，爱好礼义而永远不改的？有没有年长的如八十、九十，甚至百岁的，素来奉行正道，从不胡作非为的？如果有的话，再请上一步，到这边的贵宾席位上来。”

真正够资格的，已没有多少位了。

【原文】

孔子射于矍相之圃，盖观者如堵墙。射至于司马，使子路执弓矢，出延射曰:“贲军之将，亡国之大夫，与为人后者不入，其余皆入。”盖去者半，入者半。又使公罔之裘、序点扬觯（zhì）而语。公罔之裘扬觯而语曰:“幼壮孝弟，耄耋好礼，不从流俗，修身以俟死者不？在此位也。”盖去者半，处者半。序点又扬觯而语曰:“好学不倦，好礼不变，旄期称道不乱者不？在此位也。”盖廬有存者。(《射义》)

【说明】

古代有乡饮酒礼，大约在春、秋农事忙完了之后，由地方长官出面，集会本乡本区的人民，聚在一起喝喝酒，叙叙家常，主要目的是在敦亲睦邻。但是由于在集会的时候，必须遵守尊卑长幼的次序，譬如六十岁的老人家坐在席位上，五十岁的人就只有恭恭敬敬地站在一边的份儿，因此可以说这是古代最具有教育价值的一种社交活动。在乡饮酒礼之后，年轻人在一起，总会有些竞技的余兴节目，那就是乡射礼了。乡射，当然是一种射箭比赛，但是从他们的动作技术、姿势仪态等的表现上，可以看得出这个人的道德修养、人品气度。那时候还没有科举考试的制度，往往就是利用这种方式和场合，来选取国家需要的人才。所以虽然是一种竞技比赛的节目，在进行的过程中却是非常的严肃认真，而在观礼席上的来宾也必须是经过选择的。从子路、公罔之裘、序点宣布的条件看来，并不是任何人都可以进入场地，也只有少数人才能够资格登上宾位。还有一点需要说明的，在公罔之裘等宣布进入宾位的条件里，只说到二三十岁和六十岁以上的人，不提三十以上、六十以下的人，因为这段年龄的也正是壮年人，壮年人当然是参与比赛，先后登上射位，所以不在被邀请的行列之中。

孔子之死

这天孔子一大早就起来了，两手背在身后，拖着手杖，一副没精打采的样子，在门前走来走去，跟平时端庄矜持的神态完全不同，而且还低哼着歌词说：

“那高高的泰山将要倒了吧，那大大的梁木也将要坏了吧，那聪明智慧的圣贤也将要衰竭了吧！”

歌词哼完了，他踱进屋里，对着门懒懒地坐了下来。子贡听说有这样的情形，想了想说：

“高高的泰山将要倒了，那么我们还有什么可以作为目标来仰望的呢？支撑全局的梁木将要坏了，那领导我们的圣贤将要衰竭了，那我们还有什么可以作为典型来仿效的呢？照这几句歌词的意思看来，我们的老师恐怕将要病重不支了。”

于是就赶快跑了进来，孔子对子贡说：

“赐（子贡名）啊，有件事情想跟你商量，你怎么来得这么晚呢？我知道三代棺柩停殡的制度不同，夏代是停殡在东阶的上面，平时主人的出入一定都是由东阶上下的，死后棺柩的停殡在东阶之上，那是表示仍然把死者当作主人看待，并没有因为死亡而有所改变。殷商时代是停殡在堂中两根楹柱的中间位置上，那是表示既已死亡，不能再把他看作主人，然而又不能完全看作外人，所以只好把棺柩停放在两楹之间，堂的中央，夹在宾主之间的位置。到了周代，是把棺柩停殡在西阶的上面，平时西阶是宾客出入上下的地方，那就是表示既已死亡，应该完全当作宾客一样地看待。这是三代停放棺柩制度的不同，而照我的祖籍来说，我是殷商的后人，按理应该采用殷商的礼制才是。因为我昨天夜里做了一个梦，梦见我自己坐定在两根楹柱的中间，这是什么意思呢？我想这可能有两种解释：一种是两楹之间，堂的正中央，这是非常尊贵的位置，应该是代表受万民景仰尊崇的地位；另一种解释是依照殷商的礼制，人死之后，棺柩要停殡在两楹之间。我想了很久，目前既然不可能有圣明的王者兴起，天下将还有什么人能知道尊崇我，而给予我这样受人景仰敬重的地位呢？这种解释既然是不能成立，那就是第二种解释了，我恐怕是将要不久于人世了吧！”

孔子从此卧病在床，大约七天，就真的去世了。

【原文】

孔子蚤作，负手曳杖，消摇于门。歌曰：“泰山其颓乎，梁木其坏乎，哲人其萎乎！”既歌而入，当户而坐。子贡闻之，曰：“泰山其颓，则吾将安仰？梁木其坏，哲人其萎，则吾将安放？夫子殆将病也。”遂趋而入。夫子曰：“赐，尔来何迟也！夏后氏殡于东阶之上，则犹在阼也。殷人殡于两楹之间，则与宾主夹之也。周人殡于西阶之上，则犹宾之也。而丘也，殷人也。予畴昔之夜，梦坐奠于两楹之间，夫明王不兴，而天下其孰能宗予？予殆将死也！”盖寝疾七日而死。(《檀弓上》)

【说明】

无论礼的制度，或礼节仪式，当初设计的时候，一定都有其深刻的用意。而任何一种礼制或仪式，曾经在过去实行过的，也必然具有其实际的社会价值。因此虽然有很多旧礼早已成为过去的陈迹，早已随时代的转移而不用了，但是我们绝不可因此而无视于当初设计者所赋予深刻的用意，更不应该盲目地随便否定旧礼的实际社会价值。持有这种否定意识者，必然是由于他们根本不了解旧礼的内涵精神和价值。如果有机会让他们多了解一点点之后，相信他们也会欣然接受的。毕竟这些才是我们中国人真正的生活观念和行为意识所凝聚的道德规律。问题在于古代的人对于这套礼制行之有素，不一定需要先了解而后再遵行，往往在习以为常之中，潜移默化地自然能够体会出其中的精神价值，所以在当时不需要作很多详尽的说明。然而时代隔远，加上礼制不断地随时代需要而改变，到了今天，没有说明，当然会由于过分隔膜而根本无法了解。所以类似于礼意说明的文字，就变成非常可贵的资料了。尽管因为当时不太需要而显得非常简略，但这些简略的资料，已足够指导我们对旧礼的礼意，获得如何去体会的思考方式。借着这种思考方式，可以让我们进而体认这些简略资料所没有交代，而保存在更多文献中的礼意的精神价值。这段文字就是借孔子之口，说明三代殡制的不同，以及其所以不同的内涵意义，自然应该看作是解释礼意的资料。

弟子为孔子服丧

孔子去世了，他的学生为了怀念老师教育栽培之恩，都希望能有具体的哀悼表示，可是在丧礼的制度中，没有学生为老师该如何表示的规定，于是这就形成了问题，后来还是子贡提出了很好的意见，他说：

“以前当颜渊死的时候，老师对他表示内心哀悼的态度，就跟失去亲生儿子一样的痛苦，而没有穿戴任何丧服；后来子路死的时候也是一样。这是老师当年对学生死亡时所持有的态度。如今老师去世了，我们做学生的，至少也应该保有相对的态度。请各位哀悼老师时，就像失去自己父亲一样的哀痛，而不必有任何丧服的穿戴。”

【原文】

孔子之丧，门人疑所服。子贡曰：“昔者夫子之丧颜渊，若丧子而无服；丧子路亦然。请丧夫子，若丧父而无服。”（《檀弓上》）

【说明】

丧服制度是为具有亲属关系的人而制定的，老师和学生之间，并没有任何亲属关系，但是老师对学生的栽培和爱顾，也同样是恩重如山，尤其是孔子和他的学生相处日久，情感更深。有如此深厚恩情的人一旦去世，内心的悲痛总应该有种态度上的表示才是。虽然在丧服的礼文中没有这类非亲属关系的规定，而子贡的建议，照老师对学生的态度回报于老师，应该是非常合情合理的办法。这说明了礼制本来就是人订的，而且也绝不是一成不变的，只要有此需要，而且是合情合理的办法，必然是人人都能接受的。

孔子的坟

孔子的丧事，有人特地从燕国赶到鲁国来参观，就借住在子夏的家里。子夏对他说：

“无论是圣人在埋葬普通人，或者是普通人在埋葬圣人，其实还不是一样的。您老远赶来，是希望看些什么呢？不过老师曾经谈起过这种事情，他说：‘我曾看到有人堆土成为高坟，做成四四方方的样子，高高的像堂屋似的；也看到过长形的坟，上面是窄平的，两边斜下去，像堤防的样子；也见过宽宽矮矮的，像夏代房子的屋顶覆盖在地上的样子；也见过狭长而上窄下宽，像斧头的锋刃朝上的样子。我觉得像斧刃朝上的那种样子比较好，因为上窄下宽，人不可能爬上去，而且这种样子做起来比较简单容易些。’老师所说像斧形的坟，就是一般常见的‘马鬣封’的样子，马的颈项长鬃毛的地方肉比较薄，和坟的造型很像，所以民间俗称这样的坟为‘马鬣封’。现在我们为老师造的坟就是这种样子。先用木板围起底座，外面用绳子捆牢，把泥土倒进去填实固定之后，用刀切开绳子，解开木板，再向上架起中层和顶层。只不过一天之内，三次架板，三次切绳，就已经把坟做好了。我们这样做，就是希望能照着老师主张俭约的心意去做罢了。”

【原文】

孔子之丧，有自燕来观者，舍于子夏氏。子夏曰：“圣人之葬人，与人之葬圣人也，子何观焉？昔者夫子言之曰：‘吾见封之若堂者矣，见若坊者矣，见若覆夏屋者矣，见若斧者矣。从若斧者焉。’马鬣封之谓也。今一日而三斩板而已封，尚行夫子之志乎哉。”(《檀弓上》)

【说明】

当时造坟的形式很多，而孔子认为像斧刃朝上的样子比较好的理由是容易做，而且节俭朴实，不需要费很多时间，这也说明了丧葬之礼，主要在于哀戚心意的表达，而不重在形式上的奢侈铺张。

弟子对孔子言论的讨论

孔子死后，他的学生有时候在一起讨论孔子的言论。有子问曾子说：

“你有没有听老师说过，当一个人失去了官位之后，对自己的生活该做什么样的安排？”

曾子说：

“关于这一点，我听老师说过。如果一个人失去了官位，就应该想办法尽快地使自己变成穷人；如果一个人死了，就应该想办法尽快地使自己腐烂了事。”

有子说：

“这不像是存心忠厚的君子所说的话嘛！”

曾子说：

“怎么了？这是我亲耳听到老师说的，这还有错？”

有子摇摇头，还是说：

“这根本不像是夫子所说的嘛！”

曾子非常坚持地说：

“老师说这些话的时候，我和子游都在场，都听到老师确实是这么说的。”

有子说：

“好吧，就算老师确实这么说过，那么我想老师当时是有什么特别的原因，才会这么说的！”

后来曾子把有子的这些话都说给子游听，子游说：

“真是了不得，有子说的话真和当年老师的口气一样。以前老师住在宋国的时候，看到桓司马为自己做一只石头的外棺，做了三年还没有做好。于是老师就说：‘如果一个人对于死后的事，要这么样地奢侈浪费，倒不如死后快点腐烂了要好得多。’所以说‘人死之后，希望快点腐烂了事’的这些话，不过是当时专对桓司马的事才这么说的。还有鲁国的大夫南宫敬叔失去官职跑到国外去，每次回来时，一定带了好多值钱的东西来朝见国君，于是老师才说：‘要是像这样能靠钱财来买官，一个人失去官职之后，倒不如让他快点变成穷人还比较好些。’所以说‘失去官职之后，希望他能快点变成穷人’的这些话，实在是专对南宫敬叔的事才这么说的。”

曾子又把子游说的话讲给有子听，有子说：

“对嘛，我本来就说过，这不像是老师说的话嘛！”

曾子怀疑地问：

“那你又是怎么知道的呢？”

有子说：

“以前老师担任中都地方的宰官时，曾经为当地的人民规定制度，内棺要四寸厚，外棺要五寸厚，从这一点就可以知道，老师不会主张人死之后，希望他赶快腐烂了事的。还有以前老师失去鲁国司寇的职位，然后应聘要到楚国去的时候，好像是先派子夏去联络，然后又派冉有去安排，从这一点就可以知道，老师不可能主张一个人失去官职之后，希望他快点变成穷人的。”

【原文】

有子问于曾子曰：“问丧于夫子乎？”曰：“闻之矣，丧欲速贫，死欲速朽。”有子曰：“是非君子之言也。”曾子曰：“参也闻诸夫子也。”有子又曰：“是非君子之言也。”曾子曰：“参也与子游闻之。”有子曰：“然，然则夫子有为言之也。”曾子以斯言告于子游。子游曰：“甚哉，有子之言似夫子也。昔者夫子居于宋，见桓司马自为石椁，三年而不成，夫子曰：‘若是其靡也，死不如速朽之愈也。’死之欲速朽，为桓司马言之也。南宫敬叔反，必载宝而朝，夫子曰：‘若是其货也，丧不如速贫之愈也。’丧之欲速贫，为敬叔言之也。”曾子以子游之言告于有子。有子曰：“然，吾固曰非夫子之言也。”曾子曰：“子何以知之？”有子曰：“夫子制于中都，四寸之棺，五寸之椁，以斯知不欲速朽也。昔者，夫子失鲁司寇，将之荆，盖先之以子夏，又申之以冉有，以斯知不欲速贫也。”(《檀弓上》)

【说明】

一件事的合礼不合礼，其判断的根据不一定是在行为事实的表现，而应该着重在其行为的方式和目的上。从行为事实来看，桓司马花三年的时间来做一只外椁，和孔子规定棺椁必须要有一定的厚度，表面上看来好像用意差不多。然而一个是太过浪费，一个是适可而止；一个是纯粹为自己，一个是为所有人们的亲属，其间自然就有很大的不同了。又南宫敬叔失去官职之后，用很多值钱的珍宝来活动复职，表面上看来，和孔子派子夏和冉有去楚国作联络安排的行为，好像也没有多大的不同。然而一个是用财宝来贿赂，一个是正当的接洽；一个是纯粹为自己的官职俸禄而经营，一个则是为实现以德治民的理想而把握机会，这其间也有很大的差异。所以圣贤的胸怀和小人的行径之间的差别，以及有些事该做或不该做之间的选择，都应该着眼于心志目标，和欲达此目标所采用的方法途径来做决定。

子夏哭儿子之丧

子夏为了哀悼他儿子的死，哭得眼睛都看不见了。

曾子去慰问他，说：

“我听说过，朋友如果失明了，我感到非常难过时，应该去家里慰问他，而且为他哭泣。”

因此曾子哭了，子夏也哭着说：

“天啊！我没有做过什么不对的事，上天为什么这么不公平啊！”

曾子很生气地责备他说：

“卜商，你何尝没有做错事，当年我和你一起在洙水、泗水之间跟随着老师求学问，如今你退隐而终老在这西河一带，让这一带的人民怀疑你从老师那里没有得到什么学问，连带着对老师的学问道德也都不大相信了，这是你的第一个错误。你只求自己的隐退，连父母亡故也不让人们知道，这是你的第二个错误。可是你为了儿子的死，却又哭得太过分，以致眼睛失明，这是你的第三个错误。这些都是事实，而你还能说你没有错误吗？”

子夏丢掉手中的扶杖，立刻向曾子拜谢说：

“我错了，我错了，我离开人群朋友，隐退闲散在家，也实在是太久了，很多道理都不懂了！”

【原文】

子夏丧其子，而丧其明。曾子吊之，曰："吾闻之也，朋友丧明则哭之。"曾子哭，子夏亦哭曰："天乎！予之无罪也。"曾子怒曰："商，女何无罪也？吾与女事夫子于洙、泗之间，退而老于西河之上，使西河之民疑女于夫子，尔罪一也。丧尔亲，使民未有闻焉，尔罪二也。丧尔子，丧尔明，尔罪三也。而曰女何无罪与？"子夏投其杖而拜曰："吾过矣，吾过矣！吾离群而索居，亦已久矣。"(《檀弓上》)

【说明】

礼的要求就是适宜，如果是过分了或是不够了，都是失礼。礼者理也，失礼也就是不合情理。子夏的父母亡故，都不让人知道，但是对于儿子的死，却悲伤过度以致失明，这就是厚于子而薄于亲，所以曾子责备他。曾子能如此坦率地责备朋友，子夏能诚意接受，这些都是值得我们效法的圣贤行径。

同母异父兄弟的丧服

公叔木有个同母而不同父的兄弟死了，不知道该穿什么丧服，于是就去请教子游。子游说：

“大概是穿大功的丧服吧！”

狄仪也有个同母而不同父的兄弟死了，他去请教子夏，问自己该穿什么丧服，子夏回答说：

“关于这种的亲属关系该穿什么丧服，我倒是从来没有听说过，不过鲁国人有为这种亲属关系穿齐衰（zī cuī）的丧服的。”

于是狄仪就照子夏的话穿着齐衰的丧服。直到现在，凡是为同母而不同父的兄弟都是穿齐衰的丧服，就是由于狄仪的这一问而确定下来的。

【原文】

公叔木有同母异父之昆弟死，问于子游。子游曰：“其大功乎？”狄仪有同母异父之昆弟死，问于子夏。子夏曰：“我未之前闻也，鲁人则为之齐衰。”狄仪行齐衰。今之齐衰，狄仪之问也。(《檀弓上》)

【说明】

同母而不同父，按理说是没有亲属关系的，但如果是母亲以前所生的孩子，母亲改嫁，连孩子一起带过来，共同生活在一起，这样才有兄弟的感情，死后才有为他穿着丧服的条件。然而这种情况实在太少见了，所以古代专门记载各种亲等不同等级丧服的《仪礼·丧服篇》里，就没有列入这种亲属关系。子游、子夏的回答，由于各人的想法不同，因此说法相异。因为如果是兄弟，按礼应该穿“齐衰”之服，守丧一年，子夏所说，可能就是照这种关系来定的。子游所说，大概是以为既然不同父，就应该降一等穿“大功”的丧服，守丧九月。二人所说不同，而且也都是自己意见的推断，但从此以后都采用齐衰之服，也算是有了定制。这段文字给我们两点启示：第一，任何礼的制度都不可能要求它是十全十美的；第二，礼制如有不够完备的地方，当然可以依照固有的精神来创制补足。

曾子称赞晏婴知礼

曾子有一次赞美齐国的晏婴说：

“晏子真可以称得上是一位懂礼的人，他不但有谦恭的外貌，而且还有内在的诚敬之心，可真是非常难得的人物啊！”

有若不赞成曾子的意见，他说：

“就我所知，晏子的一件狐皮袍子穿了三十年，也未免过于节俭了，这么节俭的人哪里懂得礼呢？还有他家办丧事时，装载分段牲体，运往墓地时所用的遣车，以他是国家大夫的身份，居然只用一辆，而且送到墓地，等到下葬完毕，又省掉一切招待宾客的礼节，就即刻回家去了，这也未免太过节俭而不合乎礼数了。按照礼的规定，国君下葬时，用以陪葬的牲体一共有七包，遣车应该用七辆，大夫用牲体五包，遣车也应该是五辆。这是礼制的规定啊，为了节俭而破坏礼制，晏子这个人怎能算是懂得礼的人呢？”

曾子解释说：

“当国家政治不理想的时候，有道德修养的君子，当然不愿意照着那些虚文假套的礼节去做，而且还要做得很圆满的样子。所以在全国上下都习惯于奢侈糜烂的时候，我们就应该以身作则，拿出节俭的榜样来，让一般人了解，进而可以要求改善风气；如果全国上下太过于俭朴的时候，才需要我们把礼的标准做给他们看，让人人都了解最起码的礼应该要切实做到。”

【原文】

曾子曰：“晏子可谓知礼也已，恭敬之有焉。”有若曰：“晏子一狐裘三十年，遣车一乘，及墓而反。国君七个，遣车七乘，大夫五个，遣车五乘；晏子焉知礼？”曾子曰：“国无道，君子耻盈礼焉。国奢，则示之以俭；国俭，则示之以礼。”（《檀弓下》）

【说明】

从表面上看来，礼是节度仪文的表现，因为一般人接触到的只是礼的外在形式。因此过于重视形式的话，很容易使礼流于虚文假套，变得毫无意义，所以君子不愿意照着去做。从内涵精神上看，礼是平实允当的要求，超过或是赶不上这种要求，都应该加以矫正。所以当时齐国上下都习惯于奢侈的风气，就应该以晏婴的节俭为标榜，使社会风气能挽回到一个适当的程度。当然，一件皮袍穿了三十年，大夫的身份只用一辆遣车，又省掉一切待宾的礼节等，晏婴的表现的确太过节俭了些，但那也可以说全是为了矫正风气才如此的。不过假如所有国人都如此简省俭朴的话，很可能连最起码的礼都可以不必遵行了，在这种情况之下，才应该把礼的最低标准规格做给他们看。

曾子责备蒉尚的失礼

蒉（kuì）尚的家里有丧事，鲁哀公派人去吊祭。结果派去的使者和出殡的柩车在路上遇着了，于是蒉尚就避开大道，在旁边找了一块空地，画了一个像在家里停殡时候的位置图，就这样接受了使者的吊祭。这件事传开之后，曾子知道了，就批评他说：

“这个蒉尚还不如以前杞梁的妻子懂礼哩！在襄公二十三年(公元前 550 年)，齐庄公由小路去偷袭莒国，齐国的大夫杞梁死于这场战役。回来的时候，杞梁的妻子在半路上迎接丈夫的棺柩，当时哭得非常伤心。齐庄公派人去吊祭，她回答说：‘如果您不能赦免您臣子的罪行，那才可以把尸体放在大街上，让大家来看，同时又应该把他的妻妾都加以拘捕；如果您能赦免臣子的罪行，那么我们还有一所祖先遗留下来的破房子在，让我们回到家以后再说。在这个地方，可是不太方便照您的吩咐去做。’”

【原文】

哀公使人吊蒉尚，遇诸道。辟于路，画宫而受吊焉。曾子曰："蒉尚不如杞梁之妻之知礼也。齐庄公袭莒于夺，杞梁死焉。其妻迎其柩于路，而哭之哀。庄公使人吊之。对曰：'君之臣不免于罪，则将肆诸市朝而妻妾执；君之臣免于罪，则有先人之敝庐在，君无所辱命。'"（《檀弓下》）

【说明】

如果是士的丧事，按礼诸侯应该在停殡期间，到家里去吊祭，见于《礼记·丧大记》。鲁哀公派人吊祭的时候，蒉尚家里的棺柩已经出门，到了半路上才遇到，足见使者来得太迟，已经与礼不合。蒉尚居然把先人的棺柩暂时停放在路边，来接受吊祭，更是没有道理，所以曾子批评他做得不对，说他还不如女子懂礼。用杞梁的妻子所说的那一段话，说明如果把棺柩停放在大街上给大家看，除非有特别的理由，那就等于把死者看作是有罪的人了，这样做当然是不可以的。那么使者既然已经来晚了，该怎么办才好呢？据《仪礼·既夕礼》的记载，还可以派人赶到城门边去致赠送葬的礼物，至少不可以在路上行接受吊祭之礼。

曾子过犹不及

曾子对子思说：

“伋（子思之名）啊，我在服行亲人丧事的时候，曾经有七天一滴水都不喝，一点东西都没吃。”

子思说：

“古代圣贤的制定礼制，都是经过多方考虑后才作决定的。于是性情过于淳厚的人必须稍微委屈自己一点，以迁就已经订定的礼制；而比较淡薄的人稍微勉强一点，也就可以够得上了。所以能合乎礼制的君子，对于亲人的服丧，只需要三天之内不饮不食，扶着丧杖可以起来行动就行了。”

【原文】

曾子谓子思曰：“伋，吾执亲之丧也，水浆不入口者七日。”子思曰：“先王之制礼也，过之者俯而就之，不至焉者跂而及之。故君子之执亲之丧也，水浆不入口者三日，杖而后能起。”（《檀弓上》）

【说明】

当初礼制的订定，一定是顺应人情的需要，但同时也必须考虑到一般人的可行性。譬如亲人亡故，孝子内心悲伤到极点，哪里还有胃口吃喝呢？于是就顺应人情而制定三天之内可以不吃不喝。但是三天以外，那就不是一般人所能做得到的事了。既然一般人都做不到，缺乏可行性，也就违反了制礼的原则。曾子说自己曾七天不吃不喝，多少含有责备当时的人对亲情显得淡薄的意思。而子思所说，则是说明礼制重在适当，过犹不及的意思。

曾子病危时换席

曾子卧病在床，病情很严重。他的学生乐正子春坐在床下，他的儿子曾元、曾申坐在脚边，一个小孩子坐在角落里，手里拿着火炬用以照明。这个小孩子突然有所发现地说：

“这样光泽华丽，而且竹节刮得平平整整的，应该是大夫才能用的席子吧！”

乐正子春说：“不许讲。”

曾子好像已经听到了，脸上神情变动，虚弱地大喘了一口气。小孩子固执地又说：

“这样光泽华丽，而且竹节刮得平平整整的，明明这是大夫才能用的席子嘛！”

刚转过一口气来的曾子说：

“对的，这是以前季孙大夫赏赐给我的。自从生病以来我一直睡在上面，没有能够把它换掉。曾元，起来替我把这张竹席换掉。”

曾元说：

“您的病情很严重，不可以随便移动的。等到天亮之后，情况稳定些，再给您换好不好？”

曾子说：

“你们爱我，实在还不如那孩子啊！当君子要爱一个人的时候，一定会用好事来造就那个人的品德行为。而小人在爱一个人的时候，却往往是不管什么道理不道理，只要求得过且过，能得一时的苟安就行了。现在我还有什么可要求的呢？我只要求这一件事，能让我依照自己的身份，死在我应该睡的席子上，我这一生最后的心事也就了结了。”

既然这么说，大家只好合力抬举着替他把竹席给换了。曾子回到席上，还没有完全睡稳，就已经过世了。

【原文】

曾子寝疾，病。乐正子春坐于床下，曾元、曾申坐于足，童子隅坐而执烛。童子曰：“华而睆（huǎn），大夫之箦（zé）与？”子春曰：“止。”曾子闻之，瞿然曰：“呼！”曰：“华而睆，大夫之箦与？”曾子曰：“然。斯季孙之赐也，我未之能易。元，起易箦。”曾元曰：“夫子之病革矣，不可以变。幸而至于旦，请敬易之。”曾子曰：“尔之爱我也，不如彼。君子之爱人也以德，细人之爱人也以姑息。吾何求哉？吾得正而毙焉，斯已矣。”举扶而易之，反席未安而没。（《檀弓上》）

【说明】

大善大恶，人人都能有判断的能力，往往只有在极细微的地方，才能看得出君子与小人的不同。一般人因循姑息，得过且过，对于小的过错，经常会原谅自己。这种人绝不可能在病重临危的时候，还要严守礼制名分，坚持撤换自己所不当享用的竹席。也只有大圣大贤，才能在这种毫厘之间，一丝不苟地把持住自己。

不食嗟来食

齐国发生严重的饥荒，黔敖做了些吃的喝的，搁在路边，准备施舍给过路的饥民们吃。从那边来了一个饥民，一丝力气都没有的样子，衣袖低垂着，两手都举不起来，鞋子也没穿好，拖在地上，饿得已经眼光散乱，看都看不清楚地慢慢走来。黔敖左手端着一碗饭，右手拿了一碗汤，对他大声地吆喝着：

“嗨！来吃吧！”

那个人抬起头来，眼睛直望着黔敖，说：

“我就是因为不愿意吃像你这样吆喝着而来的饭，才会落到今天这种地步的！”

黔敖知道刚才是自己太鲁莽了，赶快向他道歉。但是他还是不肯吃，最后饿死了。曾子听说有这样一件事之后，说：

“像他那样恐怕是不大对吧！当人家大声吆喝着给你吃的时候，是可以拒绝接受的；但是当人家已经道歉之后，应该也就可以吃了。”

【原文】

齐大饥。黔敖为食于路，以待饿者而食之。有饿者蒙袂辑屦，贸贸然来，黔敖左奉食，右执饮，曰:“嗟！来食！”扬其目而视之，曰:“予唯不食嗟来之食，以至于斯也。”从而谢焉，终不食而死。曾子闻之，曰:“微与！其嗟也可去，其谢也可食。”(《檀弓下》)

【说明】

做人之难，难在于如何把握分寸。所谓“分寸”，一般是指我们对人所应保持的态度，这一点当然是很难；但是最难把握的，恐怕还是在取与舍之间。这些难题也确实经常会使我们的心困于犹豫，或是陷于交战，不能立下决定。礼的观念，可以培养我们时常检讨自己的本分和立场，可以帮助我们判断事件的是非和轻重。能经常保有这种检讨和判断的习惯，相信任何事情的决定都不会太难。黔敖检讨自己的态度太过鲁莽，立刻加以改正，终不失为君子。饥者不接受吆喝着而来的食物，这是当舍而能舍的正确判断；但当黔敖已经道歉认错，还是不能接受，这在分寸上就嫌过分了些，乃至于终于因此而饿死，那就显得在事件的轻重上更是失去了分寸，所以曾子才会那样批评他。

石祁子知礼

卫国的大夫石骀（tái）仲死了。他的正妻没有孩子，偏室倒生有六个孩子，只好用卜问龟甲的方式来决定谁是继承人。掌管占卜的人说：

“如果事先洗头洗澡，身上再佩上一块好的玉，龟甲上一定会显示出好的征兆。”

于是那五个孩子都赶紧去洗头洗澡，身上还佩了一块玉。只有石祁子说：

“哪里有为父亲守丧期间，而可以去洗头洗澡，身上还要佩玉的事儿？”

他坚持不肯去洗，也不肯佩玉。卜龟的结果，却显示只有石祁子适合做继承人。

这件事传开之后，卫国人都认为龟甲真的是很灵验呢！

【原文】

石骀仲卒。无适子，有庶子六人，卜所以为后者。曰：“沐浴佩玉则兆。”五人者皆沐浴佩玉。石祁子曰：“孰有执亲之丧，而沐浴佩玉者乎？”不沐浴佩玉。石祁子兆。卫人以龟为有知也。（《檀弓下》）

【说明】

遇到父母去世这样重大的丧事，内心悲伤痛苦至极，不可能还有闲暇的心情来注意自己外表的修饰，所以居丧期间，没有必要时，不会想到要洗头洗澡，尤其像佩戴美玉作为装饰，更是不可能的了。石祁子能了解这个道理，当然是知礼之人了。

鲁庄公为士追赠诔谥

鲁庄公和宋国人在鲁国的乘丘作战。庄公所乘的战车上，由县贲父担任驾驭，卜国是站在右边的武士。

在两车交战的时候，庄公乘车的马好像是受到了惊吓，突然不听控制，以致影响全局，结果打了败仗。当时鲁庄公被摔出车外，幸好后面的副车赶了上来，丢了一根绳索给他，把他拉上了车。鲁庄公说：

“卜国太懦弱了，他根本没有出力，所以今天才会失败。”

驾驭战车的县贲父也责备自己说：

“以前驾车作战，从来没有失败过，而今天居然打了败仗，应该还是由于我们不够勇敢吧。”

于是卜国和县贲父两个人都勇敢地冲向敌人，而被杀死在战场上。

后来专管养马的人在洗刷战马的时候，发现庄公乘车的马匹，在后腿内侧有一支流箭，这说明了当时马为什么会惊跳不受控制的原因。鲁庄公说：

“原来根本不是他们两人的过错啊！”

于是鲁庄公就根据他们拼死杀敌、为国殉难的事实，给他们两人都宣读诔文，追赠谥号，以示褒扬。以士的身份，而有诔文谥号，是从这件事才开始的。

【原文】

鲁庄公及宋人战于乘丘。县贲父御，卜国为右。马惊，败绩。公队（zhuì），佐车授绥。公曰：“末之卜也。”县贲父曰：“他日不败绩，而今败绩，是无勇也。”遂死之。圉人浴马，有流矢在白肉。公曰：“非其罪也。”遂诔之。士之有诔，自此始也。（《檀弓上》）

【说明】

当时礼制订定之后，后世自然会有不少变化的。有时是由于个人因素，而造成违背原则的改变，也应该记录下来，让后人了解其所以失礼的缘由。周代礼制，士的身份较低，是没有诔文谥号的；士而有诔，就是从这件事开始的，因此这里特别记上一笔，用以警惕后人，制度秩序既经建立，是不容许人随便去破坏的。

晋献公杀太子申生

晋国的国君晋献公因为相信骊姬所说的坏话，一怒之下，要杀死他的太子申生。申生的弟弟重耳劝太子说：

“你为什么不能把你心里的话，去跟国君说清楚呢？”

太子说：

“我不能这么做。国君现在非常宠爱骊姬，不能没有她。如果我真的把实情都说清楚了，骊姬很可能会因此而被杀，那样的话，就等于是我有意伤害了国君的心。”

“那么你为什么不能考虑离开这里，暂时避一避呢？”

太子说：

“那也不行。因为国君说我想要害死他，谋夺君位，我成了一个杀父杀君的罪人。天下虽大，哪里有不认父亲的国家呢？我又能逃到什么地方去呢？”

于是太子就派人去向他的师傅狐突说明：

“我犯了滔天大罪，都是由于当初没有听您的话，躲到外地去，如今是非死不可了。其实我并不是舍不得死，但是就算我死了，还是有许多放不下的心事。国君年事已高，他所希望继承君位的儿子又年龄太小，加上国家正是多灾多难，像您这样的人又隐退在家，不愿出来为国君策划国政，那可怎么办呢？如果您肯出来，愿意为国君策划国政，那么我愿意为国家将能蒙受您的德惠而死，死而无憾了。”

太子面向狐突住所的方向遥拜致敬，然后自缢而死。

晋国上下为此深受感动，给他的谥号为“恭世子”，就是尊称他是一个恭顺守分的太子的意思。

【原文】

晋献公将杀其世子申生。公子重耳谓之曰:“子盖（hé）言子之志于公乎？”世子曰:“不可。君安骊姬，是我伤公之心也。”曰:“然则盖行乎？”世子曰:“不可。君谓我弑君也，天下岂有无父之国哉！吾何行如之？”使人辞于狐突曰:“申生有罪，不念伯氏之言也，以至于死。申不敢爱其死，虽然，吾君老矣，子少，国家多难，伯氏不出而图吾君。伯氏苟出图吾君，申生受赐而死。”再拜稽首乃卒。是以为恭世子也。(《檀弓上》)

【说明】

申生死后被谥为“恭世子”，有两层意义：

（1）正面的意义，是说他能顺从父亲的命令，能顾念国家的安危。

（2）反面的意义，是说他只知道一味地恭顺，而不知道这样的做法，反而使他的父亲陷入了不慈不义的恶名，所以只称许他是恭顺，而不足以称之为孝子。

我们经常会遇到进也不是退也不是的情况，这时就必须要慎重考虑，权衡轻重，尽量选择伤害较轻的那种方式去做才对。申生对是非的判断，过分偏重于臣下对君主的“顺”，结果忽略了子对父的“孝”。孔子曾说过舜对他的父亲，“小箠则待笞，大杖则逃”（见《韩诗外传》），就是这个意思。

秦穆公吊公子重耳

晋献公去世的时候，当时公子重耳逃亡在翟地（今山西汾阳），秦穆公特地派遣使者子显来慰问他，并且转达秦穆公以长辈身份劝告他的一番话：

“我曾经听别人说过这样的话：国家的旧君去世，这可是一个大好的良机啊！不能好好把握机会的话，永远失去国君之位，往往就在这个时候；而如果能善加把握，想要得到国君之位，却也往往就是在这个新旧交替的时候。你现在虽然是庄静沉默、不苟言笑地为父守丧，处身于悲伤痛苦之中；但是也要想到，你这样流亡在外也不是长久之计。尤其是像这样的大好机会，也似乎不应该轻易地放过去吧！所以孩子啊！你真的应该仔细想想，好好计划一下才是啊！”

秦穆公的这些话当然是含有深意的。他的用意是在试探公子重耳，如果公子重耳有想回去继承国君之位的表示，就可以再继续谈下去，在彼此双方都有利的交换条件之下，秦穆公可以派重兵护送重耳回国，即位为晋国的国君，所以秦穆公要他仔细地想想。

使者暂时退出之后，公子重耳立刻把这件事告诉了母舅子犯。这些年来流亡各地，子犯一直都追随在重耳的身边，不但是忠心耿耿，而且又足智多谋，所以重耳无论大小事情，都要先和子犯商量商量。子犯思考了一下说：

“孩子啊，你应该去辞谢他的一番好意，这是不能接受的。我们是逃亡在外的人，流落异乡，举目无亲，没有什么值得宝贵或重视的东西，唯一值得宝贵或重视的，也只有对亲人的爱慕和思念了。你想想看，你的父亲去世了，这是何等凶险而又重大的变故，你要是想利用这种机会来图利，那么天下人有谁能谅解你？孩子啊，我看你还是跟他辞谢了是对的！”

于是公子重耳就去跟子显说：

“贵国的国君对我实在是太好了，那么老远地派专人来慰问我这逃亡在外的人，真是太感谢了。我自己逃亡在外，父亲去世了，而我却没办法赶回去，到父亲的灵前参与哭泣的行列，这件事反而使贵国的国君为我操心，真是过意不去。不过请放心，父亲的死亡，这是何等凶险而又重大的变故，在这种时候，我哪里敢存有非分的念头。假如我真的不知好歹，想利用这个机会来夺取晋国的政权，那岂不是辜负了贵国国君如此关爱我的一片盛情高义了吗？”

重耳的口才很好，委婉地拒绝了秦穆公的劝告，而又不至于触怒对方。

在子显进来正式吊祭的时候，重耳伏在地上，头俯垂到地面。

到使者行礼完毕时，重耳并不回拜答礼，只是一面哭泣着，一面站了起来，起来之后，也没有再和使者私下交谈任何话。

子显回到秦国之后，把当时的情形报告给秦穆公，穆公赞叹说：

“公子重耳真是一个仁惠厚道的人啊！他在你去吊祭时，头俯垂到地面，但并不向你答拜还礼，这是有意向你表示，他不承认是整个家族的继承人，所以他不能以主人的身份向所有吊祭的宾客拜谢答礼。你说他一边哭着一边站起来，这是表示他对父亲有着真挚的爱心。他在起来之后，没有再和你私下交谈任何话，这又是明显地表示他对重大利益有意回避的态度！”

【原文】

晋献公之丧，秦穆公使人吊公子重耳，且曰：“寡人闻之：亡国恒于斯，得国恒于斯。虽吾子俨然在忧服之中，丧亦不可久也，时亦不可失也；孺子其图之。”以告舅犯。舅犯曰：“孺子其辞焉！丧人无宝，仁亲以为宝。父死之谓何？又因以为利，而天下其孰能说之？孺子其辞焉。”公子重耳对客曰：“君惠吊亡臣重耳，身丧父死，不得与于哭泣之哀，以为君忧。父死之谓何？或敢有他志，以辱君义？”稽颡而不拜，哭而起，起而不私。子显以致命于穆公，穆公曰：“仁夫公子重耳！夫稽颡而不拜，则未为后也，故不成拜；哭而起，则爱父也；起而不私，则远利也。”（《檀弓下》）

【说明】

中国古代的家族制度里，嫡长子的地位非常特别，他等于是整个家族的法定继承人。所以万一要是嫡长子先死了，父亲必须代表家族穿着最重的“斩衰”丧服。如果父亲去世，也自然是由他出面来办理丧事。现在的讣文大都还是“孤子”名次排在最前面，就是表示由嫡长子来担任此次丧事主人的意思。丧事的主人，也就是今后继承家业的人，也就是日后整个家族的领导者。因此如果有人来吊祭时，也只有他有资格代表全家向宾客答礼。所以公子重耳当时只俯伏着头垂到地上表示哀痛而已，并没有正式向来宾答礼，也就是明白表示他不是丧礼的主人。如果他向来宾答礼，就等于承认自己是这次丧礼的主持人，是全家的代表人物，也就是承认自己是未来晋国的国君了。重耳不答拜，就是表示不接受秦穆公暗示性的建议。

《国语·晋语》记载子显来慰问重耳之后，又去慰问逃奔到梁地的公子夷吾，所传达的言辞和对重耳说的完全一样，而公子夷吾的表现却大不相同。使者来吊祭，夷吾正式答拜，起来之后不但不哭，却又和子显私下交谈，而且立刻答应割让黄河以外的五个县城送给秦国，作为交换条件。后来秦穆公派遣大兵护卫着公子夷吾进入晋国，担任国君，是为晋惠公。这段文字的记载，可以作为对照的参考。

季武子准许杜氏哭葬于庭院

季武子扩建住宅，正好有个姓杜人家的坟地被圈了进去，就在堂前面的台阶下，起先也不在意，后来杜家又有丧事，来请求准许合葬在一起，季武子也只好答应了。

杜家的人抬着棺柩进来时，心想人家答应把死人埋在他家的庭院里，已经很不错了，哪里还敢惊动人家呢？所以每个人都忍着不敢哭出声来。季武子发现了，就说：

“按理说，死者合葬，并不是古代的制度，大概是周公以后才有的吧！不过到现在并没有改变就是了，所以我才答应让他们合葬在我家的庭院里。让人家把棺柩合葬在我家，这可是件大事，有人在我家哭，这当然算是小事，既然大事我都已经答应，小事反而不准许，哪有这样的道理呢？”于是跟他们说明，让他们尽情地哭好了。

【原文】

季武子成寝，杜氏之葬在西阶之下。请合葬焉，许之，入宫而不敢哭，武子曰：“合葬，非古也；自周公以来，未之有改也。吾许其大，而不许其细，何居？”命之哭。(《檀弓上》)

【说明】

不论季武子的扩建住宅，怎么会把人家的坟墓给圈了进去的，从他能准许别人的棺柩葬在自己的庭院里，又能顾虑到别人应有的哭泣悲哀，就这些地方看来，这个人还是值得称赞的。

鲁襄公赠礼楚康王之丧

鲁襄公到楚国去朝见楚王，正巧遇上楚康王去世。楚国当时很强盛，想借此羞辱鲁襄公，楚国人就说：

“康王去世，请您务必要为康王做到亲自致赠衣衾的礼。”

鲁襄公的随从人员说：

“这未免太不合礼了！”

但是楚国人坚持一定要求这么做，于是鲁襄公就带着掌管巫术的人进去，先用桃树的枝扎成扫帚，在棺柩上面拂拭一遍，表示驱邪赶鬼，然后再行致赠衣衾的礼。这样一来，楚国人感到求荣反辱，后悔也来不及了。

【原文】

襄公朝于荆，康王卒。荆人曰：“必请袭。”鲁人曰：“非礼也。”荆人强之。巫先拂柩，荆人悔之。(《檀弓下》)

【说明】

袭，是丧礼中小殓之前为死者加衣服的一道仪式，通常是在刚死不久举行的。然而这件事在《左传》的记载稍有不同。《左传》在鲁襄公二十八年（公元前545年），记襄公去楚国，半路上听说楚康王已经去世了，二十九年记载楚国要求襄公亲自致赠衣衾，并不是“袭”。就时间上来说，襄公到达楚国的时候，楚康王一定已经小殓、大殓过后，到了停殡堂中的阶段，不可能再让襄公为他加穿外衣了。又本文“拂柩”的柩字，也足以说明已经入棺之后了。因此这里的“袭”字，恐怕不如《左传》所记的“襚”字来得正确。襚是致赠衣衾给死者的礼，但是诸侯如果要致赠衣衾，一定是派使者去做，绝不会亲自去送的。楚国人当面提出要求，而且坚持一定要鲁襄公亲自致赠，就等于只承认他是一名使者的身份，而不认为他是一国的君主，这明明是存心要羞辱襄公的意思。但襄公也非常聪明，他带着巫祝进入灵堂，用桃枝扎成扫帚先去拂拭棺柩，这是一种君主亲自到臣子家里去吊丧之前，所做的驱除邪气的准备工作。就在《檀弓》的上篇，有“君临臣丧，以巫祝桃茢执戈”的记载。这样一来，鲁襄公就成了以君主的身份下临臣子的丧礼了。楚国人事先没有想到，当时也来不及拦阻，所以变成求荣反辱，当然要后悔了。

邾娄定公论逆伦的凶案

在邾娄定公的时候，发生了一件儿子杀死父亲的逆伦案件。

主管的官吏把这件事向定公报告时，定公当时脸色都变了，立刻离开座席，非常痛心地说：

“这都是我没有能好好尽到教导人民，让他们懂得礼义的罪过啊！”

然后他又说：

“对于这类逆伦犯上的重大案件，我曾经学过该如何裁断。如果是臣下杀了君主，凡是在政府任职的人员，对凶手都可以随时加以捕杀，不得宽赦饶恕。如果是儿子杀了父亲，凡是在家族中的任何人，对凶手都可以随时加以捕杀，不得宽赦饶恕。同时还有，除了捕杀凶手之外，还要把那座房子完全给拆除，把地基整个挖掉，再洒上水，不留下丝毫的痕迹，而国君也应该过一个月之后，才可以举爵喝酒。”

【原文】

邾娄定公之时，有弑其父者。有司以告，公瞿然失席，曰：“是寡人之罪也。”曰：“寡人尝学断斯狱矣。臣弑君，凡在官者杀无赦；子弑父，凡在宫者杀无赦。杀其人，坏其室，洿其宫而猪焉。盖君逾月而后举爵。”(《檀弓下》)

【说明】

这类逆伦事件，在以前都当作极其严重的案件处理。如清代遇到这种事，除了全面捕杀凶手之外，地方上的府台以下连降三级，县城的城墙推倒一面，表示无须保护该县人民的安全，三年之内该县的人民不准参加科场考试。这种严厉的处置方法，目的当然是警戒人民，此风不可长。但是远比不上邾娄定公的处置。定公这样的做法，是希望这种事情绝不让它再留下丝毫痕迹，所以要拆除房屋，挖掉地基，再灌上水，使这里变成一个臭水塘，人人都会绕道而行，于是自然抹去了人们心头对这件事的任何印象，也自然消除了这种邪恶的风气。然而最重要的还是定公所说的，要好好教导人们，让他们都能懂礼，使人们都能以礼自持，发挥自律的效果，提升公民道德的水平，也就不可能再发生这类事件了。

容居的狂妄无知

邾娄国的人在为他们的国君考公办丧事的时候，徐国的国君派了一位大夫容居来吊丧，并且代表国君行致赠含玉的礼节。含玉是用玉给死者含在口中，可以避邪用的。容居来了之后，就模仿天子派使者为诸侯吊含的口气致辞说：

“我们的国君派遣我来，要我坐着给贵国的国君行含玉之礼，致赠侯爵所用的宝玉，现在请让我容居代表举行。”

邾娄国管事的人说：

“为了敝国国君的丧事，承蒙各国诸侯来到敝国，非常感谢。

不过如果是派遣臣子来的话，礼数比较简略的，我们就用简略的礼节；如果是诸侯亲自来到，礼数当然比较隆重，我们也应该采用隆重的礼节来进行。但是如果来的是臣子而要行国君的礼节，应该简略而偏要隆重，这种君臣上下淆乱不清的事，我们可是从来没有做过。”

容居回答说：

“我以前曾听说过，臣下为国君办事，不敢轻易忘了国君的交代，也不敢随便忘了祖先的光荣。以前我们的先君驹王，向西边来征讨时，最远还曾经渡过了黄河，那时候无论到什么地方，一向都是用这样的口气说话的。我是一个粗鲁的人，可是至少我还知道不敢忘了祖先的光荣。”

【原文】

邾娄考公之丧，徐君使容居来吊含，曰：“寡君使容居坐含，进侯玉，其使容居以含。”有司曰：“诸侯之来辱敝邑者，易则易，于则于；易于杂者，未之有也。”容居对曰：“容居闻之，事君不敢忘其君，亦不敢遗其祖。昔我先君驹王，西讨济于河，无所不用斯言也。容居，鲁人也，不敢忘其祖。”（《檀弓下》）

【说明】

古代人死之后，把一块玉放在口中，用以驱邪，这个仪式称之为“含礼”。《礼记·杂记》中记载，如果诸侯相互致赠含玉，派使者致辞时只说，“我的国君派我来行含礼”；像容居所说的“坐着行含礼”，应该是天子派使者致赠含玉给诸侯的口气，所以邾娄的管事不肯接受。容居为什么会那么狂妄呢？就是因为徐国的先祖曾经自称为王，这时候的徐君大概还是以王者自居，所以派出的使者也俨然一副以天子赐含玉给诸侯的口气，而不知道早已僭礼越分，惹人讨厌。因此有人特地记下这一段，用以警戒后人，不可如此自狂自大，违礼失义。

善颂善祷

晋国的献文子赵武新盖的房舍落成。晋国的大夫们发起祝贺，约同大家一起去参观新厦。当时有一位大夫张老赞美说：

“真是既美观又高大，既庄丽而又宽广啊！有这么高大宽广的房舍，如果要举行祭典，奏乐歌唱，我看在这里也足够用的了；如果要办理丧事，悲哀哭泣，我看这地方也足够用的了；如果要举行盛大的宴会，招待宾朋僚友，同宗同族，那也是足够用的了。”

文子听了他的话之后，体会到张老的这段话里，赞美之余，还隐含有更多的规劝之意，就回答说：

“假如真能如您所说，我赵武今后还能在这里举行祭典，奏乐歌唱；能在这里办理丧事，悲哀哭泣；能在这里举办宴会，招待宾朋家族；那就必须要战战兢兢，小心谨慎，以保全性命，将来才能得到善终，才能随着我的先人合葬于九原地下。”

于是他面向北方，一拜再拜，头俯在拜手之上，久久才抬起来，以表示由衷的感谢。

有德的君子对于这件事，都认为张老善于赞美，而赵武也善于谨敬地自求多福。

【原文】

晋献文子成室，晋大夫发焉。张老曰：“美哉轮焉，美哉奂焉！歌于斯，哭于斯，聚国族于斯！”文子曰：“武也，得歌于斯，哭于斯，聚国族于斯，是全要领以从先大夫于九原也。”北面再拜稽首。君子谓之善颂善祷。(《檀弓下》)

【说明】

张老虽然是在称赞新厦的美轮美奂，但也是在暗示他房舍如此高大宽阔，可能已经超过了礼制的规定，就像人的地位太高，权势太大的时候，很容易招致别人的忌刻和伤害。所以张老劝告他，房子不仅能盖得美轮美奂，更重要的是要能长久地使用下去。能在赞美之中不忘善意的规劝，这就是所谓的善颂了。赵武听得出他话中之意，所以不仅感激，而且立刻表示从今之后要格外小心谨慎、战战兢兢，以自求福佑，这就是所谓的善祷了。

赵文子论人

有一天，晋国的大夫赵文子和叔誉一起在九原散步。九原这地方风景非常美，所以过去许多晋国的贤大夫死后差不多都是葬在这里。

文子突然起了一个古怪的念头，问叔誉说：

“假如已经死去的人能够再活回来，在这么多晋国的贤大夫里面，究竟我们应该跟随着哪一位走才对呢？”

叔誉说：

“晋襄公时的阳处父，大家都认为他的才智很高，你觉得他怎么样？”

文子摇摇头说：

“也不见得有什么了不起嘛。这个人在晋国朝廷内外喜欢揽权，什么事都要插上一脚。加上他自以为才智很高，往往显得刚愎自用，因此得罪了很多人，结果是不得善终。你想这个人连自己的身家性命都不能保全，他的才智也就很有限了，实在不值得大家那样称赞他。”

“那么你认为晋文公的舅舅子犯怎么样呢？在晋文公逃亡在外的十九年中，他一直追随在晋文公的左右，大家都认为这是一位真正仁厚的君子。”

文子也摇摇头说：

“他追随晋文公逃亡十九年是没有错，但是就在晋文公结束逃亡，准备渡过黄河，回去就位当国君的时候，他曾提出从此分手的要求。晋文公流落在外十九年，国内一点基础都没有，就在这最需要帮手的时候，他却要求离开，这明明是乘机要挟的意思。结果逼得晋文公只好当场发誓，表明回国之后一定和舅舅同心同德，他才肯跟晋文公一起回去。这样一个会抓住适当机会只顾自己利益，而不管君主安危的人，你说他是仁厚君子，依我看他的仁厚恐怕也不值得那么样地称道吧！”

隔了一会儿，文子说：

“依我看，当年的随武子倒是一位了不起的人物。无论才智仁德，都是高人一等。一般的臣下对君主的尽忠，常常是奋不顾身，牺牲性命在所不惜，却不知道自己的牺牲又何尝不是国家的损失呢？随武子则不然，他一方面可以做到尽忠职守，对国君有利，一方面又不忘保护自己，一生之中始终没有遭遇过任何灾害，这个人的才智由此可以想见了。同时他不仅能保护自己，而且也不忘保护他的朋友。他得到了任何好处，总是会想到朋友们的困难，尽量把所得分出去照顾他们。这个人的仁厚也由此可知了。”

后来这一段谈话流传了出去，晋国全国的人都认为文子的眼光正确，能真正深入了解一个人的优点和缺点。

赵文子本人的身材很弱小，弱小到好像再加一件衣服上去，就会把他压倒似的。他平时不大爱说话，就算说话，声音也很微弱，听起来好像不是他在说话似的。然而他所说的每一句话，却都是非常中肯，非常实在。所以国君对他极其信任，只要是他说的话，没有不听从的，他所推举的人，也没有不予重用的。原来只是管理仓库这类出身低微的人，经他推举给朝廷用为大夫或士的，前后算起来不下七十多人。从这一点来说，一则足以看出国君对他的信任，再则也足见他观察一个人非常的细密，判断人的长处短处又很正确，三则也说明他肯为国家选拔真才。这都是一般人所做不到的。

虽然在晋国上下，有不少人是经由文子的提拔和栽培，才能出人头地；国家也因为有他的保举人才而显得政治清明，大有作为；然而在他有生之年，从来没有借此向国君邀功求赏，更没有向任何经他保举的人要求报偿。一直到他死为止，连他自己的儿子，都不肯交给任何人去照顾或提拔，即使曾经是他所照顾提拔过的人。

【原文】

赵文子与叔誉观乎九原。文子曰："死者如可作也，吾谁与归？"叔誉曰："其阳处父乎？"文子曰："行并植于晋国，不没其身，其知不足称也。""其舅犯乎？"文子曰："见利不顾其君，其仁不足称也。我则随武子乎！利其君不忘其身，谋其身不遗其友。"晋人谓文子知人。文子其中退然，如不胜衣。其言呐呐然，如不出诸其口。所举于晋国管库之士七十有余家。生不交利，死不属其子焉。(《檀弓下》)

【说明】

我们读历史，第一个作用是熟悉过去的史实，了解其成败得失的原因，提供我们今后处世的参考。除了这项鉴往知来的作用之外，更可以从许多历史人物中，找出条件适合于我们的对象，努力模仿学习，以塑造理想的人格，培养我们做人的方针。这就是赵文子问叔誉，晋国的贤大夫如果能活在今天，我们应该以谁为标榜的意思。所以他标榜随武子，也正是他自己的写照。

“生不交利，死不属其子焉”，说明其为人的廉洁；保举人才，不论其出身低微，说明他处世的公正。为人处世能做到廉洁公正，就是说明他能把握取舍的分寸。只要是人才，对国家有利，当取则取。然而他又不愿借此获利，甚至为了避嫌，连自己的儿子都不愿意让受过他栽培之恩的人来照顾，足见他确实做到不当取的绝对不取。能这样严守分寸的人，当然是一位知礼守义的君子了。

柳庄劝卫献公不可偏心

卫献公被孙文子赶出国，在外流亡了十二年，最后终于回到卫国，再当国君。刚到都城郊外时，他想先分赐土地给那些跟随他逃亡的臣子，然后再进城，用以警戒那些当年留在国内，不跟自己逃亡的人。太史柳庄劝阻他不要这样，说：

“当年您离开国家的时候，如果每个人都留在国内保卫国家，那还有谁牵着马的络头和缰绳来随从着您呢？反过来说，如果每个人都跟着您跑到国外，那还有谁来替您守护国家呢？现在您刚刚回国，一上来就让人感到您的举措有偏心，这样恐怕不太好吧？”

卫献公想想很有道理，就没有颁赏下去。

【原文】

卫献公出奔，反于卫，及郊，将班邑于从者而后入。柳庄曰：“如皆守社稷，则孰执羁靮（dí）而从？如皆从，则孰守社稷？君反其国，而有私也，毋乃不可乎？”（《檀弓下》）

【说明】

处理一件事儿，能保持不偏激、不冲动，冷静而公正，自然能够找出最适当的处理方式，这就是“中庸”的道理。这道理人人都懂得，而且每个人大概也都能做到；但是要求对每一件事儿或者是时时刻刻都能保持这样平衡的心理状态，却不是一件容易的事儿了。追随国君四处流亡的人，固然都是忠心耿耿，而留守在国内护卫国家的人，又何尝不是有功于国家的呢？柳庄能想到这一点，足见这是一位冷静公正、笃守中庸的君子了。

卫献公吊柳庄之丧

卫国有位太史名叫柳庄，卧病在床，情况很严重。卫献公正巧要准备举行祭祀典礼，就吩咐身边的人说：

“如果柳庄的病况危急，虽然我正在主持祭典，你们也一定要进来告诉我！”

柳庄果然就在卫献公进入祭堂，主持祭典的时候去世了。有人进入祭堂报告这消息之后，卫献公即刻面向祭礼中用人来代表祭祀对象的尸主，拜了两拜，俯伏着头垂到地，请求说：

“有一位大臣名叫柳庄，他不是我的臣子，而是我们国家的臣子，刚才得到他已经去世的消息，请特准我暂停祭祀，让我赶去他家里吊丧。”

卫献公连衣服都没来得及换，就赶到柳庄的家里，见到柳庄的尸体，他即刻脱下身上的祭服盖在尸体上，并且把裘氏邑和潘氏县都封赠给柳庄，还特地写在简册上，放进棺里。简册的最后写的是：

“世世代代，千万子孙，永远不得变更我的命令！”

【原文】

卫有太史曰柳庄，寝疾。公曰：“若疾革，虽当祭必告。”公再拜稽首，请于尸曰：“有臣柳庄也者，非寡人之臣，社稷之臣也。闻之死，请往。”不释服而往，遂以襚之；与之邑裘氏与县

潘氏，书而纳诸棺曰：“世世万子孙无变也。”（《檀弓下》）

【说明】

周代的宗庙祭礼是从早一直到黄昏，时间相当长。而且祭礼一开始之后，除了当中有一段时间的休息之外，连续的仪式不可能中途停顿。又祭祀祖先于宗庙之中，这是非常严肃的场面，在祭祀进行的过程中，绝不容许任何外人进来打岔。因此卫献公特地交代，表示这是一次特别的例外，万一刚好柳庄死，在这长时间的祭礼之中，可以进来报告。天子诸侯赠送给死者衣衾的礼，称之为“襚”；祭服是所有服装中最贵重的一种；用自己身穿的祭服赠送给死者，这是表示非常敬重臣下的意思。既然已经用诸侯的祭服加盖在死者的身上，就不可以再取下来，因此接着就可以举行大殓了。

成子高的遗言

齐国的大夫成子高卧病在床，庆遗到房间里来探望，并且请示后事说：

“您的病情已经很危急了，假如真的到了很严重的地步，那该怎么办才好呢？”

子高回答说：

“我曾经听别人说过：一个人活在世上的时候，一定要做些对人有好处的事儿，死后也不要妨害别人。在我活着的那些时日里，纵然是没有做过什么有益于世人的事儿，而我在死后还要去妨害别人吗？所以你要给我记住，我死之后，找一块不能耕种的土地，把我埋葬了就行了。”

【原文】

成子高寝疾，庆遗入请曰：“子之病革矣，如至乎大病，则如之何？”子高曰：“吾闻之也：生，有益于人；死，不害于人。吾纵生无益于人，吾可以死害于人乎哉？我死，则择不食之地而葬我焉。”（《檀弓上》）

【说明】

人死之后，埋葬在不能耕种的土地里，虽然是选择墓地传统的原则，但能说出这原则的意义的，千古以来，似乎也只有成子高一人而已。尤其是他所说的活着应当有益于世，死后不得妨害于人，更说出了中国人传统的生活意识和生存的价值。

国子高论葬事

国子高说：

“人死之后的埋葬，其实就是加以隐藏的意思。所谓隐藏，也就是希望人们看不见的意思。所以死者的衣衾一定要足以遮盖住全身，衣服的外面用内棺包围起来，内棺的外面还有外椁包围起来，外椁的外面还有泥土包围起来，这就是尽可能隐藏不让人看见的意思。但是现在反而有的在墓地上种植树木作为标志，故意让人看到，这是什么意思呢？”

【原文】

国子高曰：“葬也者，藏也。藏也者，欲人之弗得见也。是故衣足以饰身，棺周于衣，椁周于棺，土周于椁，反壤树之哉？”(《檀弓上》)

【说明】

国子高，就是前文的成子高，国是姓氏，子高是他的字，成是他的谥号。

更早的上古时代，人死之后，只是挖一个坑，尸体放下去后，上面加盖上很多树枝木柴就行了，不需要堆上泥土做成高坟，也没有在墓旁栽树作为标志的。这就是国子高所说埋葬主要在于隐藏的意义；但是到了后来，人渐渐多了，加上人口的迁移流动，如果没有高耸的坟，没有坟旁边栽植的树木，可能会有找不到祖坟的困扰，所以必须有高坟栽树以为标志。这只是制度方式因应时代需要而有所改变，没有什么对或不对的差别。不过国子高所强调的是葬礼最初起源的意义，后来的改变虽说是有其必要，然而毕竟是失去了原有的意义。

杜蒉罚酒

晋国的大夫知悼子死了，还没有下葬，晋平公却在宫里喝起酒来了。旁边有掌管音乐的旷，以及平公最喜欢的近臣李调作陪，还敲钟奏乐以增添气氛。给晋平公负责膳食的杜蒉刚好由外面进来，听到里面有敲钟的声音，就问守卫的人说：

“钟声是从哪里来的？”

守卫回答说：

“在正寝的房间里。”

杜蒉一直走向正寝，迫不及待地一跨两级上了台阶。进了寝宫之后，他首先舀了一杯酒，说：

“旷，请喝这杯酒。”

又去舀了一杯酒，说：

“调，请喝这杯酒。”

然后杜蒉又去舀了一杯酒，就在堂上面向北坐下，自己把酒一口气喝干了。然后就走下台阶，快步走出正寝。平公叫住他，命令他进来，问他：

“杜蒉，刚才我一直以为你或许存心要对我说些什么开导我的话，所以始终不跟你说话，免得打岔。现在我可以问问你了：你要旷喝下一杯酒，是什么道理呢？”

杜蒉回答说：

“凡是遇到子日或卯日，一向都不准演奏音乐，因为殷纣是在甲子日自焚而死，夏桀是在乙卯日被放逐的，所以每当遇到甲子日或乙卯日，都列为禁忌的日子。用意在于警示后世，不可以像桀、纣一样地饮酒作乐毫无节制。现在知悼子的灵柩还停放在堂上，朝廷的重臣刚死还没下葬，您就在这里又喝酒，又演奏音乐，这比遇上甲子或乙卯的忌日还要严重得多了。旷是掌管音乐的大师，他却不把这种道理告诉您，所以我罚他喝一杯酒。”

“那么你又要调也喝了一杯酒，是什么理由呢？”

杜蒉说：

“调是您最亲近的臣子，但是他却只为了有吃有喝，就忘记了应该规劝您的过失，所以我也罚他喝一杯。”

“后来你又自己喝了一杯，那又是什么意思呢？”

杜蒉回答说：

“我是专管您膳食的宰夫，没有去做自己分内应该做的切肉切菜的事，反而敢超越职权，干预到劝谏防过的事情上来，所以我也应该自罚一杯。”

平公于是说：

“这样说来，我也有过失的，也请你去舀酒来，罚我一杯。”

杜蒉把杯子洗干净之后，舀了酒，把酒杯高高举起，献给平公。

平公吩咐身边的侍者说：

“你替我记住，一直到我死后，还是不准废除像这样举杯的仪式。”

因此一直到现在，凡是已经献酒之后，这样高举酒杯的动作，就叫作“杜举”。

【原文】

知悼子卒，未葬，平公饮酒。师旷、李调侍，鼓钟。杜蒉自外来，闻钟声，曰：“安在？”曰：“在寝。”杜蒉入寝，历阶而升，酌曰：“旷饮斯。”又酌曰：“调饮斯。”又酌，堂上北面坐饮之。降，趋而出。平公呼而进之曰：“蒉，曩者尔心或开予，是以不与尔言。尔饮旷，何也？”曰：“子、卯不乐。知悼子在堂，斯其为子、卯也大矣；旷也，大师也，不以诏，是以饮之也。”“尔饮调，何也？”曰：“调也，君之亵臣也，为一饮一食，亡君之疾，是以饮之也。”“尔饮，何也？”曰：“蒉也，宰夫也。非刀匕是共，又敢与知防，是以饮之也。”平公曰：“寡人亦有过焉，酌而饮寡人。”杜蒉洗而扬觯。公谓侍者曰：“如我死，则必无废斯爵也。”至于今，既毕献，斯扬觯，谓之“杜举”。(《檀弓下》)

【说明】

大臣刚死，还没有下葬，国君居然又饮酒，又奏乐，当然是不合情理，不合情理也就是不合礼。因此杜蒉的罚酒，人人都接受了，连晋平公都自愿罚一杯。而杜蒉由于干预劝诫谏诤的事，超越了本身的职权范围，所以也自罚一杯，更显示出知礼守分的精神。

太宰嚭据礼矫正夫差

吴国的军队侵略陈国，在陈国境内砍倒了土地神庙附近的树木，又杀死了患有厉疫的病人。

吴军退出陈国国境，准备回去的时候，陈国的太宰嚭（pǐ）奉命到吴军来做使者。吴国的国君夫差对本国的外交人员名字叫仪的说：

“听说来的这个人很会说话，我们为什么不借此机会考验他一下呢？”

夫差就想出了一个问题来问他：

“凡是正式军队，一定都有一种名义，你们国家的人对我们的军队是怎么一种说法呢？”

太宰嚭回答说：

“古代的军队在攻击敌国的时候，是不会砍倒人家土地神庙旁的树木，不会杀死生病的人，也不会去俘虏那些头发已经花白的老人的。但是你们的这批军队，不是杀了不少生病的人了吗？那不是就可以称之为杀害病人的军队了吗？”

夫差当然不大高兴，不过他还是再问：

“如果我们把土地都还给你们，也把俘虏来的子女人民归还给你们。这种情形，又应该如何称谓我们的军队了呢？”

“由于我们的国家有了过错，使您这样辛苦地带着军队来讨伐我国，又为了顾念我们的困难而赦免我们，这可是真正大仁大义的军队，怎么会没有正式的名义呢？”

【原文】

吴侵陈，斩祀杀厉。师还出竟，陈太宰嚭使于师。夫差谓行人仪曰：“是夫也多言，盍尝问焉。”“师必有名，人之称斯师也者，则谓之何？”太宰嚭曰：“古之侵伐者，不斩祀，不杀厉，不获二毛；今斯师也，杀厉与？其不谓之杀厉之师与？”曰：“反尔地，归尔子，则谓之何？”曰：“君王讨敝邑之罪，又矜而赦之，师与，有无名乎？”（《檀弓下》）

【说明】

两国交战，目的在于克敌制胜，免不了有破坏及杀人的事。而太宰嚭却能以古代侵伐，不砍人树木，不杀病人，不俘虏老年人为标榜，诱使吴君夫差把土地人民都归还给陈国，不仅是会说话，而且能用礼来矫正对方，更是难能可贵的了。

子服惠伯不以私废公

滕成公去世了，鲁国派遣子叔敬叔去滕国吊丧，而且带着国君慰问吊唁的书信，又派了子服惠伯做他的副手。到了滕国郊外的那一天，正好是子服惠伯的叔父懿伯去世的忌日。于是子叔敬叔认为对惠伯不大好，决定当天不入城，就在外面住下来，第二天再进城，惠伯就说：

“这是公事，不应该由于刚巧遇到我叔父忌日的私人事件，而影响到连公事都不办了。”

于是他们还是当天就赶着进城去了。

【原文】

滕成公之丧，使子叔敬叔吊，进书，子服惠伯为介。及郊，为懿伯之忌，不入。惠伯曰：“政也，不可以叔父之私，不将公事。”(《檀弓下》)

【说明】

能知道轻重之等、公私之分，正是合于礼的要求。

周丰讽喻鲁哀公

鲁国有个人叫周丰，听说他的学问品德都很了不起，鲁哀公准备了礼物要亲自去拜访他。周丰表示辞谢不敢当，哀公说：

“既然如此，我也只好算了。”

但哀公还是派人去向他请教说：

“在虞舜的时候，并没有标榜信义来教导人民，而人民却都能信任他。到了夏代，也没有特别标榜诚敬来教导人民，而人民却也都能敬重他。他们究竟是拿什么东西来教导人民，而能得到那么好的效果的呢？”

周丰的回答是：

“在祖先的坟墓前面，不需要教导人民应该如何表示悲哀，而人民却都能自然流露着悲哀；在神社或宗庙里，不需要教导人民应该如何保持肃敬，而人民却都能自然懂得肃敬。自从殷商时候的人遇到事情，时兴要求结盟约誓，从此之后，人民才有背盟悔誓的事件发生；到了周代，又流行集会约信的活动，从此之后，人民才有怀疑失信的事件发生。由此看来，我们始终没有用礼义忠信、诚恳笃实的心来面对人民，虽然想尽办法来拉拢人民，人民就不会分解离散了吗？”

【原文】

鲁人有周丰也者，哀公执挚请见之，而曰不可。公曰：“我其已乎。”使人问焉，曰：“有虞氏未施信于民，而民信之；夏后氏未施敬于民，而民敬之。何施而得斯于民也？”对曰：“墟墓之间，未施哀于民，而民哀；社稷宗庙之中，未施敬于民，而民敬。殷人作誓，而民始畔；周人作会，而民始疑。苟无礼义忠信诚悫（què）之心以莅之，虽固结之，民其不解乎？”（《檀弓下》）

【说明】

《礼记》全书的第一句话，就是引《曲礼》所说的“毋不敬”，也就是说明所有的礼最重要的就是必须要有诚敬的心意，否则一切都成了虚文假套。要使人人都能诚，事事都能敬，其基本条件就在于是否具备道德水平。尤其是政治的领导者，必须具备这项完美的条件，才能上行下效蔚成风气。所以在虞、夏时代，在上者能以自身充盛的道德来领导人民，不必标榜，也不需要教导什么，而人民自然就能合乎要求。到了殷、周之间，在上者自己本身的条件不足，于是采用种种约束的方式来要求人民，人民自然反而不能接受。同样道理，鲁哀公想来拜访周丰，周丰根据士人的礼节，照例应该向尊者辞谢，表示不敢当；如果鲁哀公再度提出拜访的要求，周丰当然只好接受了。但是哀公却说既然如此，那就算了，足见起先所说要来拜访的话，也是毫无诚意，不过说说算了。因此周丰的这段话，实际上就是用以责备鲁哀公缺乏礼义忠信、诚悫之心的。

鲁哀公为妾服丧

鲁悼公的母亲是鲁哀公的妾，当她死的时候，鲁哀公为她穿着“齐衰”的丧服。孔子的学生有若觉得不大对，就问说：

“为妾的死亡而穿着齐衰的丧服，这合乎礼制吗？”

鲁哀公回答说：

“我能够不这么做吗？所有的鲁国人都已经把她当作我的正妻看待了，我有什么办法呢？”

【原文】

悼公之母死，哀公为之齐衰。有若曰：“为妾齐衰，礼与？”公曰：“吾得已乎哉？鲁人以妻我！”（《檀弓下》）

【说明】

《仪礼·丧服》里说明为正妻才可以穿着齐衰的丧服，服丧一年；妾的身份很低，只有当妾有了孩子之后，丈夫是士的身份，才能为她的死亡穿着最轻的缌麻，服丧三个月而已。如果丈夫是大夫以上的话，根本不必为妾服丧。鲁哀公是诸侯，当然更无须服丧，只是由于宠爱她，自己愿意穿着为正妻的丧服以表示哀悼。说是所有鲁国人都如何如何的话，自然是为他自己掩饰失礼的借口而已。

孟敬子不守礼

鲁悼公去世之后，在鲁国掌握权势的季昭子问孟敬子说：

“臣子在国君的丧事期间，三餐应该吃些什么？”

敬子回答说：

“照理应该喝稀饭，这是天下通行的丧礼制度。但是像我们仲孙氏、叔孙氏、季孙氏三家，权势超过国君，平素就没有做到以臣子的礼来敬重国君，四方的邻国都是知道的。如今国君去世，勉强要我遵照丧礼的规定，不吃不喝，装作由于悲伤哀痛而消瘦的样子，这点我也能够做得到；但是这样的做法，岂不是更会使人怀疑我们根本没有真实的情感，却又假装着因为悲伤而变得清瘦，完全是一派矫揉造作的姿态了吗？既然如此，依我看，我们还是照常吃饭算了。”

【原文】

悼公之丧，季昭子问于孟敬子曰：“为君何食？”敬子曰：“食粥，天下之达礼也。吾三臣者之不能居公室也，四方莫不闻矣。勉而为瘠则吾能，毋乃使人疑夫不以情居瘠者乎哉？我则食食。”（《檀弓下》）

【说明】

表面看来，孟敬子的话好像很有道理。实际上，制度的破坏，道德的低落，可以说都是由于这种人的思想行为所造成的。鲁国的三家权臣，平日骄横跋扈，目中无君，到国君去世之后，连这一点点的丧礼规矩都不愿遵守，还讲些歪理作为托辞，真可说是狂妄至极。礼的作用有的是限制人外在行为的，就因为人们不喜欢太多的限制，所以礼的精神常常以谦敬减退为主。不过礼虽要求不得已的尽量减退，然而却更应该要求最低限度下的勉强执行，也就是已经减退到最低限度以内的礼，无论如何一定要认真做到。如果连这一点都做不到的话，结果必然会由于毫不重视而逐渐消失无存。于是制度秩序全部破坏，道德也由于失去维系的力量而日渐低落。尤其是丧礼，原就是以人的感情为基础，如果人人都漠视彼此的感情成分，认为既然人已经死了，也就算了，甚至连最后一点表示哀伤的仪式都懒得去做的话，那么人与人之间只剩下利害的价值，这是多么冷酷而可怕的社会关系！所以《论语·子罕》里记载孔子的一句话，特别强调“无论如何，丧礼不能不勉强去做到它”，也正是这个意思。

鲁穆公哭齐国大夫之丧

齐国很有权势的大夫陈庄子死了，告丧于鲁国朝廷。鲁国的朝廷上下都认为他只是邻国的大夫，鲁国的国君没有为一个邻国大夫而表示哀泣的礼制。但是鲁穆公还是特地召见鲁大夫县子，问他的意见如何？县子说：

“古代的大夫，就算是送点干肉的薄礼给人，也不可以随便离开自己国境。这项制度的用意在于限制身为大夫者，不可以和别国的任何人有私人的交往。所以就算是有人打算为他的死而哀泣，也哪里能有机会呢？现在的大夫则不一样了，有些大夫掌握了国家大权，擅自代表国家和中原的其他国家有外交或军事上的来往，所以就算是不想为他的死亡而哀泣，也哪里能真正做到不为他哭呢？而且我还曾经听说过，为人的死亡而哭有两种理由：有的是由于爱他而哭，有的是由于怕他而哭。”

鲁穆公说：

“对了，我就是由于怕他才必须要有一些哀泣的表示，那么你看应该怎么做才行呢？”

县子说：

“那就请您到不同姓氏别家的宗庙里去哭吧！”

于是鲁穆公就和大臣们到县家的宗庙里去哭吊了一番。

【原文】

陈庄子死，赴于鲁。鲁人欲勿哭。穆公召县子而问焉。县子曰：“古之大夫，束修之问不出竟，虽欲哭之，安得而哭之？今之大夫，交政于中国，虽欲勿哭，焉得而勿哭？且臣闻之，哭有二道：有爱而哭之；有畏而哭之。”公曰：“然！然则如之何而可？”县子曰：“请哭诸异姓之庙。”于是与哭诸县氏。（《檀弓下》）

【说明】

身为国家重要的公务员，应该公忠体国，没有国家元首的命令，当然不可以和别的国家有私人的交往，这不是法，而是礼。在这件事的表现来说，礼就是一种合理的限制。其次，对于和自己没有亲属关系者的死亡，如果有必要，也只能到对方的家里去吊祭，绝不可以在自己的家或宗庙里有哭泣悲哀的表示。像鲁穆公自己承认因为畏惧大国权臣的威势，而必须有一番哭泣的表示时，那也只可以到不同姓氏人家的宗庙里去哭，这又是合情合理的礼的限制。

罢市求雨

这一年闹旱灾，鲁穆公把县子请来，向他请教说：

“天已经好久没有下雨了，我想把生了重病，瘦得两眼深陷，颧骨朝天的人抓去在太阳下晒，祈求上天为了可怜他们而下雨，你觉得这个办法怎么样？”

县子说：

“为了天好久不下雨而把人家的病人抓来晒太阳，这太残酷了，恐怕不可以这么做吧！”

“那么我想或者把负责求雨的女巫抓来，放在太阳底下晒，你看怎么样？”

县子说：

“上天不肯下雨，而把希望寄托在这种愚昧的妇人身上，用这种方式来求雨，那不是离题太远了吗？”

“那么我决定罢市，禁止一般市场上的正式买卖交易，以表示哀悼的心情，你看怎么样？”

县子回答说：

“依照礼制，如果遇到天子的崩逝，应该罢市七天；诸侯去世，罢市三天，用以表示全民的哀悼。现在为了久不下雨，干旱成灾，人民都很痛苦而罢市，这倒是可以的。”

【原文】

岁旱，穆公召县子而问然曰：“天久不雨，吾欲暴尪而奚若？”曰：“天久不雨，而暴人之疾子，虐，毋乃不可与？”“然则吾欲暴巫而奚若？”曰：“天则不雨，而望之愚妇人，于以求之，毋乃已疏乎？”“徙市则奚若？”曰：“天子崩，巷市七日；诸侯薨，巷市三日；为之徙市，不亦可乎？”（《檀弓下》）

【说明】

人民如果遇有丧事，差不多都不会再有心情上街去买东西。所以如果是天子或诸侯的去世，所有人民共同表示哀悼的时候，自然会造成一般市场上的正式买卖交易完全停顿，等于罢市一样。

但是如果有必须购买的物品时，在小巷子里还是可以买得到的，这就是好像正式的市场迁移到小巷子里来进行交易，所以就称之为“徙市”或“巷市”。凡是有徙市、巷市时，那就表示有天子或诸侯的丧事，所有人民都怀有悲伤痛苦的心情。如今穆公为了天旱不雨而决定下令全面罢市，一方面表示人民生活困苦不安，祈求上天的怜悯而早日下雨；一方面也因为这正是天子诸侯丧礼的一部分，等于是鲁穆公自认是和在居丧一样。用这种方式来表示自我的谴责，以请求上天的原谅，早日解除人民的痛苦。正因为如此，所以县子才表示同意，认为倒是可以这么做。

子思论臣为旧君之丧

鲁穆公有一次问子思说：

“过去曾有君臣的关系，当旧君去世的时候，还能顾念旧情，回头再为旧君服丧，这种礼制是从古以来就有的吧？”

子思回答说：

“古代有道的君主，在进用人才的时候，一切遵照礼节去做，在辞退不用的时候，也都能依照一定的礼节去做，所以才有臣为旧君服丧之礼。可是现在的国君却大为不同，在需要用人的时候，就像是向他下跪都可以似的，但一旦不用此人，必须加以辞退的时候，却又像是恨不得要把他赶下深渊似的。这样的君臣关系，那些离职而去的臣子没有带着别国的军队来打你，已经算是很好的了，哪里还有什么顾念旧情，回头来为旧君服丧的礼节呢？”

【原文】

穆公问于子思曰：“为旧君反服，古与？”子思曰：“古之君子，进人以礼，退人以礼，故有旧君反服之礼也。今之君子，进人若将加诸膝，退人若将队（zhuì）诸渊。毋为戎首，不亦善乎，又何反服之礼之有？”（《檀弓下》）

【说明】

在《孟子·离娄下》里，有一段孟子和齐宣王对答的话，意思和《檀弓》的这段很相近，可以用来作为参考：

齐宣王说：“《礼经》上说过：‘旧臣应该为去世的君主穿着丧服。’不知道该是什么样的情形，才可以为旧君服丧呢？”孟子回答说：“臣子如果有所劝诫，君主能切实做到；有好的建议，君主能虚心接受；君主能因他而使恩泽往下加到人民身上；如由于特殊原因，不得不离开自己的国家，君主也能做到派人导引出境；而且还先派人到他要去的国家，称赞他的贤良，使他能得到任用。等他离去三年之后，看他不再回来，这才收回他的田产房屋；这就是君主对臣下能尽到三次礼待的心意。要能如此，在旧君去世的时候，臣下才会为他服丧的。现在一个做臣子的，劝诫的话不被接受，有所建议也不被采纳，不能因他而使恩泽加于人民；如因必要而离开国家，国君就派人到处去搜捕他，又到他要去的国家，极力破坏他的名誉，使他走投无路；就在他离开的那天，立刻没收他的田产房屋；这样的君臣关系，和冤家仇人一样，哪里还有为他穿着丧服的道理呢？”

君主进用人才，当然会有一套选拔的办法，而子思所说辞退不用时也有一定的礼节，恐怕也只有孟子这段“尽到三次礼待心意”的话，可以用作说明了。

又说到为旧君服丧的事，如果臣子当时还在国内，应该比照一般人民，本来就有为国君服“齐衰三月”的规定，没有讨论的余地。这里既然是在讨论有或没有这种礼，那一定是属于臣子身在国外的情况。所以子思和孟子都特别强调礼之有无，要看君主对臣下的态度如何而定。你对我尽到心意，我也应该为你尽礼；你把我当仇人看待，我也只好不尽这份礼了。尤其是丧礼，特别重视彼此情感的因素，有一分情，才有一分礼。

子思哭改嫁母亲之丧

子思的母亲改嫁到卫国姓庶的人家，后来死在卫国，有人就把这消息告诉子思。子思听说母亲去世，就非常难过地到宗庙里去哭。后来还是他的学生赶来，问子思说：

“我们只听说有一位姓庶人家的母亲去世了，老师您为什么要在孔家的庙里哭呢？”

子思说：

“啊，是我错了，是我错了！”

于是子思就躲到别的房间里去哭。

【原文】

子思之母死于卫，赴于子思，子思哭于庙。门人至曰：“庶氏之母死，何为哭于孔氏之庙乎？”子思曰：“吾过矣！吾过矣！”遂哭于他室。(《檀弓下》)

【说明】

依照礼制的规定，父亲已经不在，为母亲应该穿“齐衰”的丧服，守丧三年；如果父亲在世，为母亲只能降等守丧一年。如果父母离婚，母亲死在娘家，母子血亲、恩情犹在，不受父母离婚的影响，所以儿子还是应该服丧一年。但是如果父亲死后母亲改嫁，或者是父母离婚之后母亲改嫁，这种情形之下，不但是夫妻关系断绝，而且母子关系也已断绝，至少她已经是别人家孩子的母亲了，既然已经没有这层亲属关系，自然不能再为她服丧了。但是母子天性，感情总还是存在的，所以子思听说母亲去世，悲不自禁，也是人情之常。不过在孔家的家庙里哭，当然是不合适的，应该躲到别的房间里，别人看不到的地方，尽情宣泄内心的悲伤才对。

子思不为改嫁母亲治丧

子思的母亲改嫁到卫国，最后死在那里。消息传来之后，子思并没有任何治丧的行动。从卫国来的柳若，不但感到奇怪，而且也为子思担心，所以就劝子思说：

“您是圣人的后人，四方的人都会注意您，看您是怎样办理丧事，您可得要小心一些才是。”

子思回答说：

“我哪里有什么事需要特别小心的呢？您请放心。不过我曾经听说过，如果有这种应该奉行的礼节，而没有足够行礼的钱财，这种礼君子是可以不必行的；即使是有这种应该奉行的礼节，也有足够行礼的钱财，然而当时的情况有所不容许的时候，这种礼君子也是可以不必行的。既然如此，我还有什么需要特别小心的呢？”

【原文】

子思之母死于卫，柳若谓子思曰：“子，圣人之后也，四方于子乎观礼，子盖（hé）慎诸。”子思曰：“吾何慎哉！吾闻之：有其礼，无其财，君子弗行也；有其礼，有其财，无其时，君子弗行也。吾何慎哉？”（《檀弓上》）

【说明】

前面说过，子思的母亲既然已经改嫁到卫国姓庶的人家，和子思的亲属关系已经完全断绝，子思当然不能再为别人家的母亲服丧。所以消息传来之后，子思尽管内心很悲伤，但却无论如何不能在家里举办丧事。柳若是个很热心的人，他不了解这种亲属关系的变化，看到子思好像不打算办理丧事的样子，因此才提醒子思，要他小心些，别做错了事儿，闹笑话给别人看。对子思而言，柳若的关心反而成了一道难题。因为如果要作正面的答复，那就必须说出改嫁的事实；但毕竟是自己亲生的母亲，这些话由儿子口中说出，实在很不合适。所以他只好把问题扩大了来作解释，所谓有礼而无财，就是说明有困难的时候也可以不行；所谓有礼有财而无其时，则是说明情况有所不许也可以不行。而所谓情况有所不许，这样含糊的措辞，也正足以见子思有其不得已的苦衷。

陈子亢取消用人殉葬

齐国的大夫陈子车死在卫国，他的妻子和管家计划着，准备用活人来殉葬。而且已经决定好了之后，子车的弟弟陈子亢才赶到，他们就把决定告诉子亢，说：

“老先生的健康情况不好，又没有人在九泉地下侍候他，所以我们想用活人来殉葬。”

子亢看他们早已决定，想想自己要加以劝阻大概也是没有用，于是只好说：

“用活人来殉葬，原本就是不合礼的。虽然如此，但如果死者在地下，确实因为身体不好，而需要有人侍候的话，那也只好这么做了。不过真是这样说来，在殉葬的人选方面，恐怕是谁也比不上他的妻子和管家了，因为这才是最亲近而又能侍候他的人啊！所以如果能够取消这个决定，我是非常希望能取消算了；假如你们坚持不能取消的话，那么我想就用这两个人来殉葬好了。”

于是，用活人来殉葬的事，最后还是没有实行。

【原文】

陈子车死于卫，其妻与其家大夫谋以殉葬。定，而后陈子亢至，以告曰：“夫子疾，莫养于下，请以殉葬。”子亢曰：“以殉葬，非礼也。虽然，则彼疾当养者，孰若妻与宰？得已，则吾欲已；不得已，则吾欲以二子者之为之也。”于是弗果用。(《檀弓下》)

【说明】

用活人来殉葬，残忍而不合情理，所以子亢说：“非礼也。”因为不合情理，所以文明的社会中不可能有这种制度。如果认为健康不好，应该有人随着到地下去侍候，情有所需，那倒真的是最亲近的人才是最适当的人选。子亢是以合情合理的理由来阻止这不合情理的要求，所以记礼的人特别为他记上这一段。

季子皋葬妻

季子皋在埋葬妻子的时候，柩车经过别人的田亩，踩坏了不少田里的稻子。后来申祥把损害的情形告诉他，而且说：

“你应该赔偿人家的损失。”

子皋说：

“我的主人孟家并没有为这件事情责怪我，我的朋友也没有谁为这件事而不理我，那是因为我就是本邑的长官啊！照你那样说来，如果连我都要花钱买路来出葬，你想想看，以后的人恐怕就很难跟着照办了！”

【原文】

季子皋葬其妻，犯人之禾。申祥以告，曰：“请庚之。”子皋曰：“孟氏不以是罪予，朋友不以是弃予，以吾为邑长于斯也。买道而葬，后难继也。”（《檀弓下》）

【说明】

《礼记·曲礼》说礼的精神，要求自我的谦卑退让，而尽可能地尊重别人。像季子皋这样只顾自己方便，造成别人的损害，还又找出理由来为自己解释，当然是更不合乎礼了，所以特别记载下来，让后人了解他的跋扈失礼，而作为自己行事的警戒。

第二章　礼意的说明

冠礼的意义（一）

人之所以能够成为一个标准的成人，其主要的条件就在于他已经具备了做人做事基本的礼义原则。关于做人做事基本的礼义原则，说起来标准当然颇不简单，然而其开始学习的起点，就在日常生活中的很多细节上，譬如端正其举止行动和体态，培养其庄敬稳重的仪表风度，教导其言辞的温和柔顺等。

当一个人的举止体态已能习惯于端端正正，仪表风度确实做到庄敬稳重，说话的言辞也确实做到温和柔顺，我们就可以说这个人已经具备了礼义的条件了。既然已经具备了做人做事的基本条件之后，就可以拿他作为标榜，使朝廷中君臣上下各安其位，使家庭中父母子女互相亲爱，使平辈间长幼和睦。

如果朝廷中君臣上下都能各安其位，家庭中父母子女都能非常亲爱，平辈间都能和睦相处，而后我们可以说，这个社会的礼义风气已经建立起来了。所以一个人到了二十岁的时候，一定要为他举行冠礼，因为举行冠礼之后，他的服装才能齐全；服装齐全之后，才能使他确实做到举止体态的端正，仪表风度的庄重，言语辞令的温顺。所以说，冠礼是一切成人之礼的起点；因此古代的圣王明君，都非常重视冠礼。

【原文】

凡人之所以为人者，礼义也。礼义之始，在于正容体、齐颜色、顺辞令。容体正、颜色齐、辞令顺，而后礼义备。以正君臣，亲父子，和长幼。君臣正、父子亲、长幼和，而后礼义立。故冠而后服备，服备而后容体正、颜色齐、辞令顺。故曰冠者礼之始也。是故古者圣王重冠。(《冠义》)

【说明】

《冠义篇》是就《仪礼·士冠礼》的内容，说明冠礼的意义。士的家庭中，孩子长到二十岁的时候，要为他举行一次隆重的加冠典礼（女孩子十五岁时有笄礼），庆祝他从当天起是个成人的意思。

冠，相当于庶人头上戴的帽子，是整套礼服中的一部分。在冠礼的仪式中，要为这孩子准备三套正式的礼服，让他在今后参加各种不同的场合时穿用。衣服是自己先穿好，然后再由别人一次一次地为他加冠；加冠是典礼的高潮，所以就称之为“冠礼”。目前社会中，有些家庭的女孩子长到十七八岁时，父母为她举办生日宴或者生日舞会，虽然这可能是从西方学来的，但是庆贺成人的意义是一样的。所以用今天的话来说，这就是成人之礼。只可惜中国人的成人之礼已经没有了，反而要从外国学回来。

古代未成年的人称为“童子”，童子都是穿着带有彩色的衣服，一眼就可以看出跟成人的衣服完全不同。到了行冠礼时，他所穿着的就都是成人的服装了。所以从这一天起，把成人的衣服加到他的身上以后，自会使他自己感觉到这是一个新阶段的开始，不能再像以前那样的孩子气了。而且衣服就有烘托身份的作用，穿戴得整整齐齐的，也就让他自己知道应该注意仪表风度，在言语、举止上，自会加以检点约束，而不敢随随便便的，这就是礼义有约束的作用发挥了。服装的齐全既然有这层约束的作用，所以今后当他参加各种场合时，相信他必然不会再像孩子时代那样举止失措了。一定要先行冠礼之后，才能以其他的礼节要求于他，所以说冠礼是一切礼仪的起点。

行礼的当天以及礼仪过程中那种庄严隆重的气氛，自然会给孩子毕生难忘的印象，使他深刻地体会到这是人生最重要的起步。因此仪式的安排以及如何进行，都必须是经过细密的思考与设计。

除了当天仪节所给予他深厚的影响外，实际上其所以能由这一天之后真的就直接迈入成人的新里程者，主要的还是在于过去十多年来家庭教育的成果。家庭从小就教他如何正容体、齐颜色、顺辞令，由最普通的日常生活中的细节开始教导，日积月累地让他渐渐经由学习而懂得做人的分寸、做事的原则。到了满二十岁时的冠礼，实在说来，等于就是十多年家庭教育的毕业典礼。所以冠礼只不过是一套形式的礼仪，其价值的本质却是在于家庭教育的成功。形式仪节，随时都可以加以改变，然而实质的价值却不容忽视。

时至今日，冠礼固然已经不存在了，而家庭教育也几乎濒临破产，下一代的教育责任似乎都移交给学校的老师身上，老师们可以负责孩子们的智能教育，但是生活教育、品德教育显然不足，于是我们的学校所培养出来的人才，究竟是做好事的人才，还是做坏事的人，谁也不敢保证。面对着古代社会的冠礼，事实上不可能让它再复古于今天，但是对祖先们当初设计安排这些礼仪的苦心和用意，不仅值得我们参考，而且更值得我们为之深思。

冠礼的意义（二）

古代冠礼的项目中，对于行礼的日期和邀请特别贵宾的决定，都是要经过占筮的。连这样细小的事都要在祖先灵位前面占筮决定，其用意就是在于教导孩子，让他们能体会父母为这次冠礼的准备是如何的小心谨慎，从而了解冠礼对他们的重要。同时让他们更能了解如此谨慎地从事冠事的准备，就是用以表示对礼事的重视；重视礼事，也正是在说明礼是治国的根本啊！

所以冠礼进行的场所，就在堂上靠近东阶的地方。东阶一向是主人才能由此上堂下堂的台阶；在这个地方举行冠礼，其用意是要表示这孩子成人之后，将来可以代替父亲而成为这一家的继承人。又让他站在西边的客人位置上，敬他一杯酒；又让他换三次礼服，由贵宾为他先后加三次冠，所加的冠就适用的场合而言，一次比一次贵重，这些仪式的用意，除了庆贺他的成人之外，更勉励他今后当力争上游，追求更大的成就。冠礼行完之后，还要给他取个“字”，以便于别人尊敬他的时候好称呼。由于别人对他的尊称，使他随时随地都必须自尊自重，这是促使他真正完全成人的一种方法。

外面堂上的礼结束后，还要到内室去拜见母亲，母亲也正式地向他回拜，兄弟之间也要相互拜见。这是因为从今天起，他已经是成人了，和以前童子的礼节不一样了，所以必须用成人的礼节来和家人拜见。然后他还要穿戴整齐，带着礼物去拜见国君，把礼物搁在地上就可以了。他也带了礼物去拜见乡里的地方官和已经告老退休的乡绅。这些仪式的用意，是表示他既然已经具有成人的身份，就应该去拜见乡里的长辈。

【原文】

古者冠礼，筮日筮宾，所以敬冠事。敬冠事，所以重礼；重礼，所以为国本也。故冠于阼，以著代也。醮于客位，三加弥尊，加有成也。已冠而字之，成人之道也。见于母，母拜之；见于兄弟，兄弟拜之，成人而与为礼也。玄冠玄端，奠挚于君；遂以挚

见于乡大夫、乡先生，以成人见也。(《冠义》)

【说明】

整套士冠礼的仪式当然不少，这里不过是抽样地举了几个重要的仪式，点到为止地说明设计安排的用意。

孩子的成人典礼，邀请的宾客一定不止一位，但其中有一位特别的贵宾，给他在冠礼的秩序单上安排着非常重要的任务，要他亲自为孩子加冠。这样的一个角色，如果能请到乡里间年高德尊，平常也是年轻人非常敬重的长者来担任，相信孩子在接受加冠的时候，那种既惶恐而又荣耀的心情，感受一定特别深刻。因此这一位贵宾的邀请当然不能草率。除了经过慎重选择之外，还要像日期的决定一样，一定要经过占筮，更加深一层慎重其事的意义。

古代敬酒的方式有好几种，在冠礼中所用的敬酒方式，是由贵宾站在东边的主位，把酒交给站在西边客位的孩子，让他喝了而不需要回敬，这种方式《冠义》篇称之为“醮”(jiào)。这道仪式至少有三层含义：第一，表示庆贺成人。第二，让孩子熟悉到别人家做客时，如何接受敬酒的礼节。第三，这种敬酒方式，很可能含有交付责任，要求务必达成的意义在内，所以只要喝酒而不需要回敬。

贵宾的主要任务是在为孩子加冠，冠和服装是整套配合的，加三次冠，也就是让孩子换穿三套不同的礼服，第一次所穿戴的是黑色布料所做的冠和服，叫作“缁布冠服”，是士人平常所穿的正式礼服；第二次穿戴的是白鹿皮做的冠和素色的衣裳，叫作“皮弁服”，是到朝廷去见诸侯国君时所穿的大礼服；第三次所穿戴的是暗红色的布料所做的冠和服装，叫作“爵（què，通“雀”）弁服”，是参加国君主持的祭祀典礼时所穿戴的服装。有这三套礼服，大概士人所能参加的场合都能应付了。当然不止是应付而已，更希望他能力争上游，为国为家，创造更大更高的成就。

至于出门拜见国君，拜见地方官员和乡绅的仪式，实际上就是要他去见识场面，增进阅历。多去拜见几位长辈或大人物之后，自然能培养其恢弘的气度，心智更为成熟。遇有事故，他就不会畏畏缩缩，见不得人的样子了。这类机会教育的安排，可说真的是非常有意义、有价值。

冠礼的意义（三）

所谓造就他，使他成为一个成人，就是为了要求他以后能遵行成人的礼啊！所谓要求他能遵行成人的礼，就是要求他将来能切实地遵行作为人子、人弟、人臣和人少的礼节。我们将要求他切实做到这四种礼节，因此对这成人之礼的冠礼，能够不予重视吗？

作为人子能孝，作为人弟能悌，作为人臣能忠，作为人少能顺，这四种行为都能认真做到，而后才有资格成为一个标准的成人。有资格成为一个标准的成人，而后才能有资格服务社会去管理别人，所以圣明的先王都非常重视这冠礼。所以说冠礼是一切礼节的开始和起点，是所有美好的事情中最重要的。

由此可知古代非常重视冠礼；因为重视冠礼，所以必须要在宗庙里举行。在宗庙里举行，是表示尊重这件事的意思。因为尊重这件事，所以虽然身为一家之主，也不敢随便擅自决定这件事。不敢擅自做主，是表示自我的谦卑，进而能尊敬祖先。

【原文】

成人之者，将责成人礼焉也。责成人礼焉者，将责为人子，为人弟，为人臣，为人少者之礼行焉。将责四者之行于人，其礼可不重与？故孝、弟、忠、顺之行立，而后可以为人。可以为人，而后可以治人也。故圣王重礼。故曰冠者，礼之始也，嘉事之重者也。是故古者重冠，重冠故行之于庙；行之于庙者，所以尊重事；尊重事而不敢擅重事；不敢擅重事，所以自卑而尊先祖也。（《冠义》）

【说明】

在《礼记》中时常可以发现特别强调尊祖敬宗的观念，也许就是后世传统意识中尊祖敬宗观念的来源之一。

中国人对祖先的崇拜由来已久，但在礼书中特别予以强调，显然存有特殊的意义和价值。经由周代宗庙祭祀制度的推广，使人们由遵礼行义中不自觉地接受了这层理所当然的意义，只知道我们应该尊敬祖先，然而对于为什么必须要尊祖的意义和价值，却往往因此反而忽略了。虽然一般人未必了解其意义，但由于社会上都能习惯于奉行尊敬祖先而不渝，所以其价值依然是存在着的。

祖先是已成过去的生命和生活，尊重祖先其实就是尊重历史；强调尊祖敬宗，也就是提倡历史教育。过去没有历史教育这种名称，但这种教育的实质，却一向都是由尊祖观念的推广予以广泛地实施。所以中国传统的礼教，也包含着历史教育的任务在内。

历史教育的价值是多方面的，但薪尽火传的责任教育，是其中非常重要的项目。上一代生命之火燃烧将尽，下一代有责任把火种接过来，继续燃烧自己，以照亮下一代，这就是薪尽火传的意义。

年轻人未必都能了解生命的价值和生活的意义，往往会轻视生活，甚而嘲笑生命。那就是因为他不了解历史，不知道他的祖先是怎样辛辛苦苦开创基础，缔造这份家业的，所以他不懂得珍惜。如果他曾亲眼看到他的祖、父，在这块土地上流血流汗，才开辟出一块小小的田园，说什么也不会随便让人侵犯一分一寸的。他会体会到现在的我既然已经承担了过去的一切，肩上就有了保护过去，开发未来的责任；我是传统之流当中的一点，我要使这水流得更壮大、更光荣，我们的生活才有意义，生命才有价值。

于是他不仅能把感情纵伸到过去和未来，同时也会了解个人和社会国家的关系也是一样的密切，从而由感情的横展，促使他能懂得贡献身心，服务社会的意义和价值。

能有这层历史教育概念的认识，再来看《礼记》中“尊先祖”、“不忘其所由生”、“报本反始”等语句时，对其所以特别强调的用意，自能心领神会，了然于胸了。

婚礼的意义（一）

婚礼的意义，是准备结合两姓家族之间的和好；对上而言，能得夫妻同心协力，共同事奉宗庙的祭祀；对下而言，得以生儿育女，使能继承于后世。既然婚礼具有如此重大的意义，所以有德的君子都非常重视这件事儿。因此在婚礼中几个重大的仪式，譬如备好礼品送到女家，正式表示已经选择女方为对象的“纳采”，正式向女方索取记载女孩子姓名等资料的“问名”，资料带回男家，经过形式上的占卜之后，备礼向女家报告好消息的“纳吉”，再准备丰厚的礼品，向女方正式下聘，表示完全确定的“纳征”，决定好婚礼的日期，再向女方征求意见的“请期”。

在这些仪式中，男方派使者到女方家里去进行的时候，女方主人都要事先在庙中准备好筵席，亲自到大门以外来拜迎使者。进了庙门之后，互相揖让而升入堂中，在堂中听使者说明他的来意。每一道节目都一定要这么做，就是用以表示婚礼的一开始，就必须持有谨敬慎重，光明正大的态度。

男方的父亲用“醮”的方式，亲自拿一杯酒给儿子，命令他去女方家里亲自迎娶新娘。这道仪式的用意，是表示婚礼中任何仪式都应该由男方采取主动，女方处于被动。儿子接受了父亲的命令去女方家里迎亲，女方的家长在庙里已经准备好了筵席，然后亲自到大门以外去迎接身为男方家族代表的新郎。女婿带着婚礼专用的礼物雁鹅，跟着走了进去，互相揖让升入堂中。女婿向女方家长行两次拜礼，把带来的礼物搁下，准备迎接新娘。

这样的仪式，其用意在表示新娘是从女家父母的面前亲自接受过来的。于是女婿带着新娘降阶下堂，走出大门之后，亲自驾驭迎亲的马车。在新娘上车的时候，新郎把车门边挂的上车用的绳子递给新娘，小心地照顾她上车。等保母扶着新娘上车站好之后，就驾着马车出发。让车轮在地上转动了大约三圈之后，已经离开女家了，就把这马车交给车夫来驾驭，自己乘另一辆马车在前面引道。

到了家门口，新郎先下车在门口等候着迎接新娘。新娘的马车到达之后，新郎向新娘作揖行礼，迎接她一起进入家里。在新房里准备正式用餐的时候，两张对席前面所陈设的菜肴食物是完全一样的。吃完之后用酒漱口的时候，是用一只葫芦所剖开的两只瓢来盛酒的。这些仪式的安排，当然都有其用意在内。夫妻吃完全一样的菜肴，是表示夫妻在家庭中的尊卑地位完全平等。用同一只葫芦剖开的两只瓢来盛酒漱口，是表示夫妻二位一体，今后应不分彼此，共同缔造幸福的家庭。这种种仪式的总合，都是用以表示新郎对新娘非常爱护体贴亲切接待的意思。

【原文】

昏礼者，将合二姓之好，上以事宗庙，而下以继后世也；故君子重之。是以昏礼纳采、问名、纳吉、纳征、请期，皆主人筵几于庙，而拜迎于门外。入，揖让而升，听命于庙，所以敬慎重正昏礼也。父亲醮子，而命之迎，男先于女也。子承命以迎。主人筵几于庙，而拜迎于门外。婿执雁入，揖让升堂，再拜，奠雁，盖亲受之于父母也。降，出，御妇车，而婿授绥，御轮三周。先俟于门外，妇至，婿揖妇以入。共牢而食，合卺（jǐn）而酳（yìn），所以合体，同尊卑，以亲之也。(《昏义》)

【说明】

《昏义篇》的前半是就《仪礼·士昏礼》的仪式内容，说明婚礼的意义的。昏是黄昏，从古以来，迎亲都是在黄昏的时候，所以相沿都称之为“昏礼”。后来既经用为礼的专名，为了和黄昏的“昏”字有所区别，才在旁边加上表示人事的女旁而写作“婚”字。

婚礼本来就不仅只是两个当事人的事，必然要关联到双方的家庭，这是古今中外都一样的。任何人不可能结婚之后就和家人断绝来往的，既然如此，把婚礼看作社会上家族间横的联系，远比只当作两个人的结合，其意义要深重得多。

宗庙祭祀的典礼，必须由主人和主妇共同主持，除了尊祖敬宗的历史意义外，也由此显示家庭和睦的气氛，夫妻合作无间的精神。同时结婚的最后目的就是为了要创造继起的生命，使生命延续到永远，这不但是家族繁衍的任务，也是人类社会的责任。这三项婚礼意义的说明，足以让我们领悟到，结婚是一件庄严神圣，而且是责任重大的事情，当然不容许儿戏玩笑，苟且随便。因此每一道仪式的进行，都必须在宗庙祖先神主之前，让当事人能深切体会到这件事的严肃性和责任感。从一开始就持有如此谨敬慎重，光明正大的态度，相信其结果必然是成功而美满的。

新郎亲自到女家去迎接新娘，这叫作“亲迎”。亲迎的意义有三点：第一，婚礼中所有仪式都是由男方采取主动，女方处于被动。这一点是符合中国古代阴阳动静的基本原理的。男子阳刚主于动，女子阴柔主于静，这套道理应该是多少年来多少人观察宇宙自然变化的结论，实际人生体验的累积，当然是绝对正确的。第二，新郎是由女方父母手中把新娘接过来的，自然含有接受交托终身的意义。当新郎在面对着女方家长的时候，至少会感到今后不但要善待妻子，而且要对她的父母负责，要对她的一家负责。能加上这一层责任感，在以后的夫妻生活中，自然会格外地彼此爱顾，互相信赖了。第三，新娘在这一天必须要离开她生活多年的家，和最亲密的父母家人分别，走进一个新的生活阶段，再怎么坚强的女孩子，心理上总会有惶恐不安的感觉，所以非常需要新郎能从她离家的那一刻起，伴随在她的身边，细心体贴地照顾着，让她能定下心来度过这第一天，然后才能慢慢地适应。所以新郎到女家的亲迎，实在是太重要了。

其中“问名”的仪式，也就是后世的换庚帖、换八字。这并不表示男方连女孩子姓什么、叫什么都不知道。如果真的不知道是谁的话，如何能进行表示选择已定的“纳采”呢？这只不过是要求慎重其事，正式地由女方写下这份资料，交给男方使者带回去，以便于在祖先神主之前占卜而已。占卜的结果当然是有吉有凶；如果男女相爱，而由于占卜不吉，以致告吹，岂非太不合情理了吗？其实占卜共有三次，有一次得吉就算通过了；万一三次都不吉的话，还可以在十天之后再占三次；如果再不行，还有十天后的最后三次占卜。前后一共有九次的占卜，总会有一次得吉的。有一次得吉，就可以去女家“纳吉”，报告好消息了。因此占卜只是用以加深当事人对婚事的进行是如此谨慎恭敬的感受。这只不过是一种形式而已，似乎没有必要硬以迷信为借口而加以反对。

婚礼的意义（二）

从一开始就能那样地谨敬慎重，光明正大地进行准备，而后又能如此地爱护体贴，亲切接待，这就表示已经能够掌握住婚礼大体原则的要求了。这些原则的要求，其用意就是在于借此形成男女之间应有的分限，从而建立夫妻之间正常的相处之道。

男女之间如果能把持应有的分限，然后夫妻之间的相处才能得以正常；夫妻之间能有正常的相处之道，然后父子之间才会更加亲爱笃厚；父子之间能亲爱笃厚，然后君臣上下才能各安其位。所以说婚礼是所有礼的基础。

说到礼，是因为有冠礼，而后才有了一切礼的起点；因为有婚礼，才奠定了所有礼的基础；因为有丧礼、祭礼，才获得人们对礼的重视；因为有朝觐聘问之礼，才显得礼的尊贵；因为有乡射礼、乡饮酒礼，才能达成礼以和为最高理想目标的效果。这些就是一般礼节的重大基本原理。

【原文】

敬慎重正而后亲之，礼之大体，而所以成男女之别，而立夫妇之义也。男女有别，而后夫妇有义；夫妇有义，而后父子有亲；父子有亲，而后君臣有正。故曰：昏礼者，礼之本也。夫礼，始于冠，本于昏，重于丧、祭，尊于朝、聘，和于射、乡，此礼之大体也。(《昏义》)

【说明】

中国社会的人际关系，是指君臣、父子、夫妇、兄弟、朋友的五伦。但是五伦相互间的关联，却并不是以君臣为首的由上而下，而应该是以夫妇为中心，然后往外围发展而形成的。也就是有夫妇的生儿育女，然后才能有父子；由父子上下相对的关系往外推演，然后才有社会上君臣尊卑相对的关系。另一面由夫妇的生儿育女，自然有兄弟的伦常；由兄弟平辈相对的关系往外推演，然后才有社会上朋友平等相待的关系。所以五伦实际上是以夫妇为中心，也就是以夫妇为基础。夫妇的基础却又是建立在男女之间正常的交往上；所以说婚礼的庄严慎重，目的在防止男女之间的不正常；男女之间能把握分限，自然能使夫妻关系得以正常，推而广之，自然能使父子有亲，君臣有正了。这也就是身修而后家齐，家齐而后国治的道理。

社会上通行的礼，门类繁多，比较常见而重要的就是冠、婚、丧、祭、朝、聘、射、乡这八种礼节。每一种礼都各有其特殊的功用和意义。冠礼是成人之礼，先具备了成人的资格，然后才能适用其他的礼，所以说冠礼是所有礼的起点。婚礼是成家之礼，为求夫妻的结合美满正常，所以特别注重谨敬慎重与亲和团结的精神；而这种精神的要求，又足以涵盖所有其他的礼，所以说婚礼是所有礼的基础。曾子说过："慎终追远，民德归厚矣。"慎终是说丧礼，追远是说祭礼，丧祭二礼的推广，能使社会风气归于淳厚，人们当然会因此而重视礼的价值了。朝觐和聘问之礼，都是朝廷礼节，朝廷是威严庄重的地方，无论是朝见天子或是诸侯的相互聘问，礼节的安排，必然能让人体会到礼的尊严和贵重。

乡射和乡饮酒礼，是农忙之后，大家在难得清闲之余，聚在一起喝喝酒，聊聊天，加上射箭比赛的余兴节目，这是最好的社交活动，其用意在于敦睦乡邻，自然是一团和气的场面。

礼虽然有不同的形态，种种的功用，但所追求的却都是指向"和"的这个共同目标。《论语·学而》引有子说的："礼之用，和为贵。"就已说明礼的最高作用，在于能达成和的效果。"和"就是"和平"，这不仅是礼所追求的目标，更是儒家思想所努力追求的最高理想境界。所以《礼记·中庸》说："致中和，天地位焉，万物育焉。"中是一种合情合理而最适当的态度或方式，和才是所期望的最高目标。这是说如果能始终把持着这种态度和方式去做人做事，最后必然能到达永久和平的境地；到那时，天地都因此能得正常的运转而各安其位，天地间的万物也都因此而得到正常的滋生繁育。这可真是最伟大的世界和平的景象，也正是儒家最高的胸怀和境界。

婚礼的意义（三）

第二天清晨，天还没亮，新娘就已起来了，梳洗打扮得整齐干净，等着去拜见尊长。天明之后，有一个帮助行礼的妇人来带着新娘去见公公婆婆。新娘用小竹筐装了枣子、栗子和成块成条的干肉当作礼品，正式去拜见公公和婆婆。然后由这位帮助行礼的人代替公婆，以一杯甜酒赐给新娘。新娘接下之后，在自己的席位上行感谢饮食的祭礼，先用肉酱祭，再用甜酒祭。这是表示公公婆婆已经正式接纳她，承认她是家中新媳妇的礼节。然后公婆回到自己的房间，新娘亲自下厨房，用一只小猪作为主菜，烧了一餐饭菜，请公公婆婆享用。这道仪式的安排，是表明媳妇愿意孝敬公婆的意思。又一天的早晨，公公婆婆正式设宴招待新娘，用非常隆重的“一献之礼”的方式，共同向新娘敬酒。等到新娘把酒杯搁下后，公公婆婆跟平常不一样地从西阶下堂，而让新娘由主人主妇专用的东阶下堂，这就是用以表示从今以后，新娘已具有接替婆婆做一家主妇的资格了。

【原文】

夙兴，妇沐浴以俟见。质明，赞见妇于舅姑。执笲（fán），枣栗段修以见。赞醴妇，妇祭脯醢，祭醴，成妇礼也。舅姑入室，妇以特豚馈，明妇顺也。厥明，舅姑共飨妇以一献之礼。奠酬，舅姑先降自西阶，妇降自阼阶，以著代也。(《昏义》)

【说明】

第二天，新娘正式拜见公婆，这是非常重要的礼节，虽然只是赐给新娘一杯甜酒，但却已经表示正式接纳和承认的意思。昨晚已经入门，婚礼也举行过了，当然不会有任何问题，然而对长辈的正式拜见之礼，仍然不可以省略。这简单然而却十分必要的礼节，当然含蕴着很多做人的道理在里面。人与人之间，原就是由于有来有往才建立起彼此的感情。如果认为有些来往可以因不必要而省略的话，那么一定还有更多的人际关系会因此而断绝。如果每个人都把感情的联系缩得短短的，整个社会必然是一片冷漠，缺少人情的温暖。所以《礼记·乐记》说：礼虽然要求我们谦退节制，尽量少礼，然而却更应该要求在最低限度以内的勉强前进，切实做到礼的规定，而且应该以能够这样勉强前进，切实从礼为至善至美才是。(原文:“礼减而进，以进为文。”)尤其是对于长辈，更应该主动地去做。真的这么做了，长辈也绝对不会让你吃亏的。不但由此可以建立感情，而且更能得到别人对你的尊敬。所以新娘下厨烧菜，孝敬公婆之后，公婆特地正式设宴招待新娘，用非常隆重的方式向新娘敬酒，又特意把主人专用的东阶让给新娘，这些特别优厚的待遇，就是所谓的有来有往了。同时这些礼待既然都是在家人面前进行的，当然也等于在全家人的心目中奠定了新娘的家庭地位。具有如此深重意义的仪式，自然不应该轻易地予以省略了。

婚礼的意义（四）

有表示正式接纳承认成其为新媳妇的礼节，有表示媳妇孝敬公婆的方式，又加上还有表明新娘有接替主妇资格的仪式，这些都是在深重地要求新娘，希望新娘能真正做到一个女子应有的柔顺的美德。所谓女子柔顺的美德，对人而言，首先要求能孝顺公公婆婆，其次要求和家里的每一个人都能和睦相处，再次才是要求和丈夫在生活的情趣、方式等各方面都能配合。

对事而言，如纺纱织布等家务事能做得井井有条，而且能小心仔细地管理收藏在仓库中的储积。所以当一个女子能具备这种柔顺的美德，然后这个家里必然是情和事理。一个家庭能够情和事理，相信这个家一定可以维持长久而更兴旺。所以古圣明王对于这项女子柔顺的美德是极其的重视。

在古代，女子在出嫁之前的三个月内，要接受新娘教育。如果她家有祖庙，父亲“士”的地位比较高，可以送她到诸侯的宫里去接受教育；如果她家的祖庙已不存在，父亲“士”的地位比较低，就送她去长房宗子的家里接受教育。教育的内容有四项：一是教她具备女子应有贞洁的德性，二是教她具备女子应有温和的言辞，三是教她具备女子美容化妆术，四是教她具备做家事的技能。学成之后，要祭告于祖先，用鱼做祭品，用蘋菜水藻做汤。这些都是属于水中阴柔的东西，用这些东西来做作祭品，就是为了要提示她任何细小的地方都不要忘了柔顺。这些仪式的用意，就是希望她能切实做到女子所应有柔顺的美德。

【原文】

成妇礼，明妇顺，又申之以著代，所以重责妇顺焉也。妇顺者，顺于舅姑，和于室人，而后当于夫；以成丝麻布帛之事，以审守委积盖藏。是故妇顺备而后内和理，内和理而后家可长久也。故圣王重之。是以古者妇人先嫁三月，祖庙未毁，教于公宫，祖庙既毁，教于宗室。教以妇德、妇言、妇容、妇功。教成祭之，牲用鱼，芼之以蘋藻；所以成妇顺也。(《昏义》)

【说明】

东方的女子一向都是以柔顺为自己的美德，其实这也并不是谁去倡导的结果，而是气候物产，历史文化所孕育形成女子共同的特性，所以自然符合阴阳动静的道理。柔顺并不意味着就是弱者，相反倒应该看作是另外一种坚强的形态。

管理一个家，实在不简单，复杂的人事，繁琐的家务，只有女子才承担得了。所以男主外，女主内，各守其分，各尽所长，家庭得以安定，社会才得以繁荣，这是顺应自然的事实。如果女子在外面工作，男人来管理家务，的确很难想象这将是怎么样的一个家。如果两个人都往外求发展，回到家里，家务还是非女子不可，那就等于女子为自己多加一层外务的负担。古人以当时地社会环境，历经多少实际生活的体验，多少智慧思考的结论，认为女子当以家庭为天职。

丧礼的意义（一）

亲人刚死，孝子脱去头上戴的冠，只剩下一块包头发的布和一根簪子，下面打赤脚，又把深衣的下摆提上来，塞在腰间，两手交叉在胸前痛哭。那种凄惨的心情，痛苦的感受，真的是五脏如焚，就好像肾也受到严重的伤损，肝也烤干了，肺也烧焦了似的，一滴水都喝不下去，家里三天之内根本不用生火煮东西。邻居发现了这种情形之后，煮了些稀饭送过来，劝他稍微吃一点。为什么会有这种情形呢？这都是因为内心有极度的悲伤痛苦时，外貌必定有很大的改变，不可能再像平常那样讲求仪表风度。心里承受着重大的伤害时，自然口中对任何饮食滋味都不会感觉甜美，对任何舒适美好的事物也都不能适应。

到了第三天举行入殓，小殓时死者还是躺在床上，称之为“尸”，大殓时死者入棺之后，就称之为“柩”。小殓时要给死者洗身换衣，当然要移动尸体；大殓时要迁移到堂中去停殡，也要移动棺柩；在移动尸体或迁移棺柩的时候，在孝子的心理上，当然是一种莫大的冲击，因此一定会大声地号哭，不断地跳脚，根本无法加以劝阻。那是由于凄惨的心情，痛苦的感受，使那股悲哀和愤恨交杂的怒气充盛积压在心胸之间，所以必须要扯开衣服，袒露上身跳着脚哭。因为只有这样，才可以振动身体，使心情稍微平复一些，使郁闷压抑在胸臆之间的怨气得到一些宣泄。不过女子不宜袒露，所以只能敞开外衣，用手捶打胸膛，像麻雀似的两脚一起跳，用以宣泄内心的痛苦。

无论男女，在这时候都会捶胸顿足放声大哭的，就像土墙崩坏了似的不可收拾的样子，这都是由于悲哀痛苦到极点的时候，自然会有这样的表现。所以《孝经》里说：“捶胸顿足，痛哭流涕，尽其悲哀的心意，送亲人离开这世界。”把亲人的形体送到墓地去下葬，从此之后再也不能相见了，但是在孝子的心里还是存有希望，希望能迎回亲人的精魂，此后还是可以与我们长相左右的。

【原文】

亲始死，鸡斯，徒跣，扱上衽，交手哭。恻怛之心，痛疾之意，伤肾干肝焦肺，水浆不入口，三日不举火，故邻里为之糜粥以饮食之。夫悲哀在中，故形变于外也；痛疾在心，故口不甘味，身不安美也。三日而敛，在床曰尸，在棺曰柩，动尸举柩，哭踊无数。恻怛之心，痛疾之意，悲哀志懑气盛，故袒而踊之，所以动体安心下气也。妇人不宜袒，故发胸击心爵踊。殷殷田田，如坏墙然，悲哀痛疾之至也。故曰：“辟踊哭泣，哀以送之。”送形而往，迎精而反也。(《问丧》)

【说明】

《问丧篇》的前半部分是就《仪礼》的《士丧礼》、《既夕礼》和《士虞礼》三篇一贯的内容仪式，说明丧礼的用意的。亲人的死亡，对感情深厚的孝子来说，是非常沉重的打击和伤害，于是悲伤哭泣，捶胸顿足，都是发自内心而自然的表现，绝不是谁能拟定一套仪式，让人们到时候照样去表演的。所以丧礼中的仪式可说大都是顺应当时人情的需要，或者就是直接记载当时自然表现的实录，因而制定的一套礼制。譬如在入殓的时候，移动亲人的尸体，必然会在心理上造成极大的冲击，大哭大闹是常见的事，当然也就无法像平常一样地维持着整齐的仪态了，所以在一开始就先让他把冠去掉；因为到时一定会捶胸顿足，所以先让他打赤脚，把衣服的下摆提起来；因为这时一定吃不下喝不下，所以就规定三天之内不必升火。这些都足以说明丧礼仪式的安排，都必须是顺应人情需要而为之制定的。至于眼看着亲人入殓，心情激动之下，会痛哭会跳脚，于是丧礼就有哭踊的仪式；内心像烈火在烧，烦躁郁闷到极点时，会自动撕开衣服，使心里感到清凉舒适些，于是丧礼就有袒的仪式；这些又都是当时自然情状的实录。所以不了解这些仪式的来源，或最初安排的用意，不应该就自己的意见而随便地予以批评或删减。

孝子送葬到墓地，眼看着亲人的遗体埋葬入土之后，这种由有形转为无形的变化，恐怕有不少人都很难接受，往往会留在墓地不肯回去。想要劝他回去，只好告诉他，人死之后，形体消失，但精魂还在，要使精魂有所归属，不至于漂泊无依，就要赶快回去准备祭礼安顿才行。不论世间有没有鬼魂，但这种说法一定能让孝子愿意离开墓地回家去。其实丧礼、祭礼也都是凭着这一点渺茫的希望和信念，而能给遭遇悲伤痛苦的人莫大的心理安慰和生活的鼓励，谁又能忍心指斥这是虚妄迷信，而非要加以破坏不可呢？

丧礼的意义（二）

当孝子往墓地去送葬的时候，棺柩在前面，孝子跟在后面，一路上不断地往前瞻望，心情焦急，就像是在追赶什么，却又怎么样也追赶不及的样子。既葬之后，孝子一路哭着回家的时候，心情是惶恐不安，就像是一直在找寻什么，却又怎么样也找寻不着的样子。所以从前有人说过：孝子在送葬时的心情，就跟孩子在人群中失去了父母，一路追赶哭叫的情形一样；下葬之后回来的路上，心情犹疑彷徨，不知道亲人的精魂在哪里，是不是真的能随着自己回去。一路上不断地在找寻，当然是什么也没找着；快到家的时候，心中燃起希望，以前回家时，父母会在门边等着我，也许在门边能找到一丝影子吧。入门之后，什么也没看见。想想也许像往常一样还是坐在堂中吧，上堂之后，也什么都没有看见。是不是在寝室里呢？进入寝室，也没有看见什么。

家里的每一件事物，都包含着亲人的生活片段，但如今景物依旧，人事已非。这才真正体会到亲人是死了，永远地消失了，再也看不见了。所以只好捶胸顿足，痛哭一场，尽量宣泄内心的悲哀痛苦。此时内心的感受，由极度的愤恨渐渐转为无助的凄怆，再转为存有一线希望，能与精魂感通的恍惚迷惘，最后再转为对一切事实都已看清楚了，而又无可奈何地感慨叹息。到了这时候，心情已由激动转为平静，最后达到完全绝望，只有把悲哀痛苦埋藏在心底而已了。于是把亲人的神主祔入祖庙，从此以后，在宗庙祭祀里，就只能依照祭鬼的方式来从事祭享了。但不管怎样，在今后宗庙祭祀的时候，多少还可以存有一份希望，希望亲人能有机会再回来接受孝子的孝敬。

自从把墓造好回家之后，不忍心住在自己舒适的寝室里，于是在门外墙边用木棍斜靠墙头，搭起一座草棚，暂时就住在这里面。原因是想到亲人此时正孤零零地流落在外，心里难过，所以也不愿住进家里去。就睡在稻草上，搬一块泥块来当作枕头，这是因为想到亲人此时正睡在蔓草泥土之中，内心悲痛，自己也来尝尝这是什么滋味。从此以后，由于哀悼亲人的死亡，不时地哭泣，忧伤痛苦前后约三年之久。这些都是由于怀有深刻的思慕之心，是孝子自己的心意，也是人们真实情感的自然流露。

【原文】

其往送也，望望然，汲汲然，如有追而弗及也；其反哭也，皇皇然，若有求而弗得也。故其往送也如慕，其反也如疑。求而无所得之也，入门而弗见也，上堂又弗见也，入室又弗见也。亡矣，丧矣，不可复见已矣！故哭泣辟踊，尽哀而止矣。心怅焉，怆焉，惚焉，忾焉，心绝志悲而已矣。祭之宗庙，以鬼飨之，徼幸复反也。成圹而归，不敢入处室，居于倚庐，哀亲之在外也；寝苫枕块，哀亲之在土也。故哭泣无时，服勤三年，思慕之心，孝子之志也，人情之实也。(《问丧》)

【说明】

既葬之后，回到家里，处处都足以睹物伤情，所以回来之后可以大哭一场。接下来就是安顿亲人精魂的虞祭，虞是安的意思，虞祭就是安灵之祭。虞祭之后，在公开的场合就不许再哭了，在礼制上称之为“卒哭”。

丧礼的仪式向来都被认为是相当的繁重，然而也自有其繁重的道理。譬如亲人刚死入殓的时候，孝子哭泣辟踊，根本无法加以劝阻；可是到殡棺的时候，就只许早晚各哭一场，别的时间内不许哭；到虞祭之后，在别人面前就不许哭了；这就是丧礼规定的限制。表面上看来这似乎是消极的限制，但实际上却是一种积极的意义。任何人当至亲骨肉亡故时，这种深重的伤害，很可能会使他永远陷溺在痛苦的深渊里，这就是所谓的终身之痛。

如果每个人在步入中年时，遇到父母的死亡而都颓丧下去，整个社会都会因此而瘫痪。为了保全社会的元气，于是规定丧礼最高期限不得超过三年。所谓三年之丧，实际上只有二十五个月。一定要在这段时间之内恢复正常，这也不是一件容易的事。因此必须要有许多仪式的安排，让当事人逐步地体认事实，渐渐地习惯于收敛感情，隐藏痛苦，最后到丧期已满的时候，才能平静地脱下丧服，继续其正常的社会生活。因此仪式必然要增多，增多到足以让人能慢慢地适应于收敛控制的转变。

丧礼的繁多，是有其必须如此的理由的。所以在亲人刚死时，可以放肆地哭闹，既殡之后就只准早晚哭一次，虞祭之后就不许再哭了；又如起初穿着的是最粗的麻所编成的丧服，练祭之后丧服要逐渐加以变换，越换越细，最后换到跟麻纱差不多细，要脱除时也容易得多了。这些仪式的安排都是在帮助当事人，一步一步地学习着收敛和隐藏，最后达于完全恢复正常的目的。反过来说，如果没有那么深重的痛苦，不需要任何帮助，随时可以恢复正常，也就不需要这么多的仪式了。所以如果有人认为丧礼太过繁重，要求能够尽量予以减轻减少，相信这人对他的亲人感情一定不怎么深厚，要不然他就是个没有感情的人。

丧期的意义（一）

有人问：

“丧礼之中，有所谓三年之丧，究竟是起什么作用呢？”

回答说：

“这是衡量人与人之间情感的深浅厚薄因而制定的一套礼文

制度。利用这种礼文制度，可以表明人群彼此之间所具有的亲疏远近、贵贱尊卑的等差界限。界限既经划定，不能任意加以增减。所以说，这是一套无论何时何地都不能改动的原则。

当一个人所受到的创伤非常严重时，复原的日子就要拖得很久；所承受的痛苦非常深厚时，痊愈的时间也要延迟得很长。所以有三年之丧的期限，就是配合内心情感的创痛而制定的礼节，那是为最深最重的痛苦所制定最高的极限。至于粗麻的丧服，颜色苍黯的丧杖，住在临时搭在墙边的草棚里，喝着稀饭，睡在草堆上，头下枕着泥块，这些服饰仪节的安排，则是为最深最重的痛苦所制定的表达和宣泄的方式。”

【原文】

“三年之丧何也？”曰：“称情而立文，因以饰群别，亲疏、贵贱之节，而不可损益也。故曰：无易之道也。创巨者其日久，痛甚者其愈迟；三年者，称情而立文，所以为至痛极也。斩衰、苴杖、居倚庐、食粥、寝苫、枕块，所以为至痛饰也。”（《三年问》）

【说明】

丧服是以情为主。人有亲疏远近，所以情有深浅厚薄，而礼有轻重多少。情感深厚的，当然是近亲，丧服也就比较重；情感浅的，也就是远亲，丧服就比较轻些。所以说丧服是衡量情感的深浅厚薄而订定的一套礼文制度。家族的亲等关系是极其复杂的组合，也只有中国的这套丧服的制度才能予以划分得清清楚楚。所以丧服制度细密而精彩的内容，形成了中国文化中最重要的一份遗产。

表面上看来，丧服制度的功用重点在“分”，其实其真正的贡献却是在“合”。譬如比较疏远的亲属，平时也许根本就没有往来，但是由丧服制度知道了彼此之间原来还有亲属关系，在见面时自然会多增一分情感，有事时也就多了一个帮手；远亲尚且如此，近亲自然就会更加亲密；人人都能由此了解，在这五等丧服之内原都是一家人，于是中国特有浓厚色彩的家族观念从此建立，更由此而深深根植于人心。这种观念反映在政治上，形成了历史上分久必合的大一统局面；反映在社会上，则是血浓于水的团结合作的形态；更由家族观念的区分内外，扩张而至于《春秋》对华夏和蛮夷的区分，从而建立了全中国人民的民族自尊精神。这些都是“合”的价值，也正是以丧服为基础，所缔造出来的典型传统的中国文化，这不仅是近世纪以来，外国的野心家们处心积虑，千方百计想要挖除而后快的“根”，更是现代的中国人应该深刻反省和重新体认的重要课题。

丧期的意义（二）

有人问：

“所谓的三年之丧，实际上只有二十五个月就结束了。在这个时候，孝子的哀伤痛苦并没有终止，对死者的思念想慕也并没有忘记，然而丧服的规定却一定要在这时候截然斩断。这样的规定，岂不是表示我们送亲人离开世界之后，这份感情也就到此为止，而恢复生者的正常生活也就以此为节度了吗？”

回答说：

“凡是生活在天地之间，有血有气之类的动物，一定都具有知觉感性。有知觉感性的动物，没有不知道要爱它的同类的。譬如说大鸟大兽吧，要是它们失去了伙伴或配偶，过一个月，或是过了一个季节，一定还会回到原来的地方巡视一番的。要是偶然经过它们从前生长的地方，大鸟一定会在空中盘旋一阵，大叫几声；大兽也会用脚去跺几下，徘徊几圈，然后才舍得离去。即使是小东西如小燕子、小麻雀，遇到这种情况，至少也会唧唧喳喳叫一阵子，然后才能舍得离去。

在所有有血有气的动物里面，没有比人更富于感性的了，所以当人们遭遇到亲人亡故的时候，那种悲哀痛苦的心理负担，一直到自己死亡为止都不会终止。那该怎么办呢？假如我们照着那些愚蠢鄙陋，无知无识，或是那些邪恶不正，行为放荡者的思想行为去做行吗？他们可是早晨父母才死，到晚上已经忘得干干净净了。如果顺着他们的意思，那可真是连禽兽都不如了。像这样，我们怎能和他们共同生活在一起，而不会发生变乱的事呢？换一种方式，照着那些以德润身，有修养的君子的思想行为去做行吗？在他们又认为三年的丧期才二十五个月就结束了，就像是从墙洞里看外面的奔马，一晃眼就过去了，如果顺着他们的意思，这种悲伤痛苦的延续可真是要无穷无尽的了。所以古圣先王于是就为此作了决断，建立了适当的时限，制定了丧期的节度，足以使多数的人都感到合情合理，那么这个问题自然就解决了。”

【原文】

“三年之丧，二十五月而毕，哀痛未尽，思慕未忘。然而服以是断之者，岂不送死有已，复生有节也哉？”“凡生天地之间者，有血气之属必有知；有知之属莫不知爱其类。今是大鸟兽，则失丧其群匹，越月逾时焉，则必反巡。过其故乡，翔回焉，鸣号焉，蹢躅（zhí zhú）焉，踟蹰焉，然后乃能去之。小者至于燕雀，犹有啁噍之顷焉，然后乃能去之。故有血气之属者，莫知于人，故人于其亲也，至死不穷。将由夫愚陋邪淫之人与？则彼朝死而夕忘之，然而从之，则是曾鸟兽之不若也；夫焉能相群居而不乱乎？将由夫修饰之君子与？则三年之丧，二十五月而毕，若驷之过隙。然而遂之，则是无穷也。故先王焉为之立中制节，壹使足以成文理，则释之矣。”(《三年问》)

【说明】

所谓三年之丧，实际上只有二十五月，是因为二十五月，怎么样计算都一定要跨入第三个年度，所以就号称为三年了，详细情形，下文另有说明。

丧服的期限，最重的不得超过三年，但还是有人认为太快，有些则认为太久，这就是所谓的过犹不及。世间的事很难使所有人的意见相同，因此只要是合情合理，而且能合于多数人的需要，那就是最标准的答案了。

丧期的意义（三）

问的人说：

“那么为什么有的丧期只到一年为止呢？”

回答说：

“像一些最亲近的亲人，就以一年为断。”

“那是什么原因呢？”

回答说：

“因为一个周年下来，天地日月的运行已经是变换了一个循环，春夏秋冬四时也已经转移过了一圈，凡是生活在这天地之间的任何事物，没有不扬弃其过去的阶段，重新开始迈入一个新的生活，因此就取法比照这自然的规律，而以一年作为裁断了。”

“那么为什么有的可以到第三年才结束呢？”

回答说：

“那是为了表示要比一年的丧期还要加重，于是照一年的丧期加倍计算，所以就要满两年之后才算期满。”

“还有在九月以下的好几等的丧期，又是怎么来的呢？”

回答说：

“因为有些亲属比较疏远些，于是就让这类丧服的期限不到一年。

“所以丧期的分划，是以三年作为最重的极限，以缌麻和小功的丧服作为最低的限度，再以一年的期服和九月之丧作为当中的间隔，合起来就是丧服的五等。这些丧期的分划，往上是取象于天时的运转，往下是取法于地形的变化，中间则是依据人际关系的差等，可说都是合情合理的礼制。人们之所以能够维系群体的共同生活，而且能够保有和平相处，团结一致的道理，可说都在这里面了！

“所以三年之丧的礼制，是人事中最完美的成果，如能切实做到，那就是最隆重、最盛大的贡献了。这是历代圣王所共同倡导，而古今以来大家所共同遵行的标准，可是没有几个人知道这些礼制是怎么来的。”

孔子说：

“孩子要在三岁以后才能离开父母的怀抱，所以当父母去世时，子女应该回报父母那最辛苦的三年恩德，为父母服丧三年，这是天下人都通行的丧礼啊！”

【原文】

“然则何以至期也？”曰:“至亲以期断。”“是何也？”曰:“天地则已易矣，四时则已变矣，其在天地之中者，莫不更始焉，以是象之也。”“然则何以三年也？”曰:“加隆焉尔也，焉使倍之，故再期也。”“由九月以下何也？”曰:“焉使弗及也。故三年以为隆，缌、小功以为杀，期、九月以为间。上取象于天，下取法于地，中取则于人，人之所以群居和一之理尽矣。故三年之丧，人道之至文者也，夫是之谓至隆。是百王之所同，古今之所一也，未有知其所由来者也。”孔子曰:“子生三年，然后免于父母之怀，夫三年之丧，天下之达丧也。”(《三年问》)

【说明】

丧服是指为亲属的死亡所应该穿着的服饰；丧期是指穿着丧服的期限，丧服和丧期原是配合运用的，应该是穿什么丧服就服多久的丧期，然而有时会因某些条件的不同或因素的改变，也有丧服依旧而期限改变的。所以不妨把丧服和丧期先分开来说，然后再予合并。

丧服一共有五种等级，其最大的差别是在麻的粗细，如果把饰物的变化也用以表示亲等的差异算进去，当然就不止五等了，不过一般都是照大体的五等来说就是了。丧服的五等是：衰、期、大功、小功、缌麻。依丧服的名称看来，大功和小功很可能原来是一种“功”服的分割。由于这一等的丧服里所包含的亲等太多，亲疏远近也并不整齐，所以就由一等而分为二等，名称就由功分为大功和小功了。再由丧期的配合来看，很有可能缌麻之服也是后来由功服分出来的。照《三年问》所说，丧服应该是以“期”服作为基准的，恩情更重的就加倍而有二十五月，号称三年之丧的衰服，恩情稍轻的当然就应该是减半而有半年的“功”服。

也许最初就只有这三等。但因为“功”服这一等内所包含的亲属太多，而且亲疏远近的关系也并不一致，必须再加分割，于是关系比较深的就往上分，在一年和半年之间，加了九个月的一等，名称就依大小分列，而有九个月的大功和半年的小功。然后发现小功的这一等内还是包含着过多的亲属关系，于是又把关系比较浅的再往下分，这就是依照往下减半的原则，另开了三个月的缌麻一等。合起来就是丧服的五等了。虽然“小功”已经往上分出大功，往下再分出缌麻，然而小功的这一等里还是有很多不完全一致的亲属关系包含在内，于是再由半年的丧期改为七月和五月两种，而名称不能再改，所以就有了小功七月和小功五月之丧。正因名称不再改动，所以合在一起时还是算作五等丧服。关于丧服丧期的等列和相配，再用表解的方式介绍于下，可能会更加清楚些：

一、早期的丧服三等表

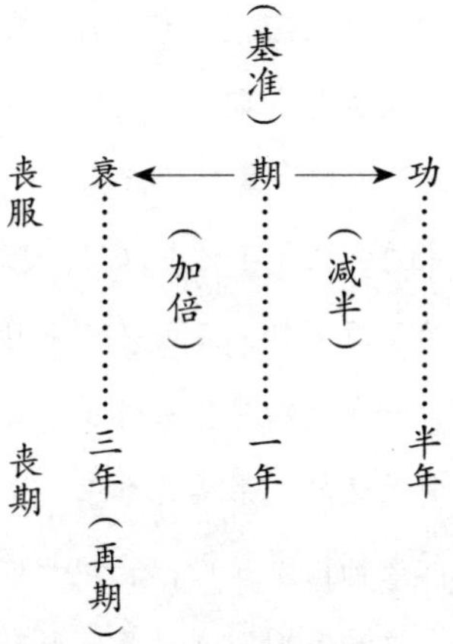

二、后来的丧服五等表

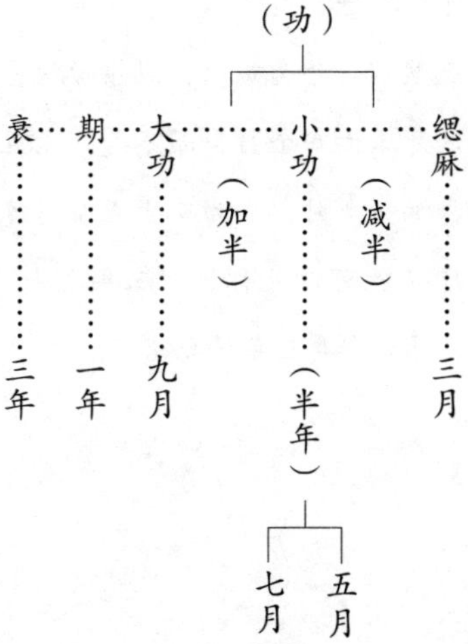

丧服是五等，丧期也是五等（小功七月、五月不再分），表面看来是一种丧服配一种丧期，只有五种，实际上服饰上还有增减，丧期还有降等，丧服与丧期之间还可以分等和交错配合，于是就有很多的等级，足以配合复杂的亲属关系了。

就丧期的分等来看，从一年之丧以下，十二月、九月、六月、三月，除了以一年为基准之外，正好是三个月的等差级数，和自然界以一年为循环，一年有四时，每时三个月的等分暗合，因此可以说是取象于天时的运转。亲属关系中除了固定的亲疏远近之外，还有尊卑贵贱的差别因素在内，譬如士对士和士对大夫，礼制便应该有所不同。这种差别因素就像地形有高有低，而必须有因势制宜，应变的配合，因此这点可以说是取法于地形的变化。至于又必须依据人际关系的差等来规划亲属亲疏远近的区别，这些原则的运用当更无问题了。

丧期的分等既然以一年为基准，恩情最深厚的就照一年的丧期加倍计算，应该是二十四个月，而不是二十五月。为什么一定要由二十四个月再加一个月，成为二十五个月呢？因为这样就可以跨入第三年，于是就可以号称为“三年之丧”，就可以符合孔子所说的回报于父母至少要三年的要求了。

祭礼的意义（一）

祭祀之礼，次数不能太多；次数太多则容易使人厌烦，厌烦之下自然就不可能再保有虔诚的敬意了。祭礼的次数也不能太少；次数太少则容易使人懈怠，懈怠之下就很可能会忘记了。因此有德的君子就配合自然界一年四时的循环原则，制定了春、夏、秋、冬每时一祭的礼制。

当秋天来到时，霜露已经降临大地，有德的君子体察到这季节的变化，心底自然会泛起凄怆的感受，这种感受并不是来自外在气温的影响，而是由于繁华季节的突然转为萧条的景象，触引起隐藏在内心对亡故亲人的怀念。当春天来到时，细雨既已沾湿了大地，有德的君子体察到这季节的变化，心底自然会有一种悸动的感受，企盼着已经亡故的亲人也能随着春天的复苏重现在眼前。时节的变换既然会引发对亲人的怀念之情，所以每时一祭的安排当然是合情合理的。人们往往以欢乐的心情迎接春神带来的复苏，以哀伤的心情送走秋神卷走的繁华，所以在春祭的仪式里有音乐，而秋祭则没有音乐。

【原文】

祭不欲数，数则烦，烦则不敬。祭不欲疏，疏则怠，怠则忘。是故君子合诸天道，春禘秋尝。霜露既降，君子履之，必有凄怆之心，非其寒之谓也。春，雨露既濡，君子履之，必有怵惕之心，

如将见之。乐以迎来，哀以送往，故禘有乐而尝无乐。(《祭义》)

【说明】

祭祀之礼有内外之别，对山川、日月、风雨等的祭礼是在外面举行的，所以属于外祭祀；宗庙以内对祖先的崇拜和礼敬则是属于内祭祀。本文是以内祭祀为主。

宗庙经常的祭礼称为“时享礼”，时享礼就是每时一祭。一年之中共有四次，次数不多不少。尤其是四时的季节变化引发人们对亲人的思念时，配合安排一次祭礼，使思念之情能获得相当的满足与安慰，的确是合情合理的。

四时的转移，以由夏入秋、由冬入春，其景观的差异最为强烈。夏天里满眼都是繁华茂盛，可是一旦秋风乍起，一切转为萧条零落，就好像秋神一下子把活泼的生命全都带走了似的。所以很容易使人们联想到亲人的生命早已被带离这个世界，隐藏在心底的伤痛自然地再度被引发出来，对亲人深切的思念之情也就油然而生。

冬天里大地是一片枯寂冷漠，但当春雨细细地遍洒，地面上开始冒出点点的绿意，枯枝上也换上了新装，这种由无而有的变化，就像是春神把生命又带回了人间似的。人们的心底也会泛起强烈的希望，企盼着亲人的生命也能跟万物的复苏一样，再度回到人间。由春入夏，由秋入冬，景物变异的程度虽然没有春、秋那么强烈，但是大陆性的气候，四季的差异还是非常明显的。因此四季的转移，无论给人们带来的是希望或是惆怅，而触及到隐藏在内心深处的悲哀伤痛则是一样的，如果能有一场祭祀典礼的举行，对思亲的情绪而言，毕竟是莫大的安慰与满足。

祭礼的意义（二）

祭祀之前，有斋戒的准备。斋戒有两种：先是对外在事务的预作处理，谓之“散斋”；然后是专对内心杂念的排除，称为“致斋”。在家里从事致斋的时候，集中精神想念着亲人生前的日常起居，想着他的言谈笑貌，想着他的志趣意向，想他喜欢的事，想他的嗜好习惯。由外在轮廓而逐渐想到深入细微之处，这样心意专注地三天下来，所要准备祭享的那位亲人的影像，自然会明显地浮现在眼前。

【原文】

致齐于内，散齐于外。齐之日，思其居处，思其笑语，思其志意，思其所乐，思其所嗜。齐三日，乃见其所为齐者。(《祭义》)

【说明】

希望在祭祀举行的当天没有任何外在事务的打扰，就必须事先预作安排和处理。《礼记·祭统》说散斋有七天，七天的时间也足够把该做的都处理好了。接着就是回到家里的致斋了，《祭统》说致斋有三天。致斋的目的是要排除内心的杂念，然后才能全心全意地来从事祭祀，这样的祭祀才能使我们的思念得到安慰和满足。要达到心无杂念的目的，所以在这三天之内，必须集中思想于亲人生前的生活细节。三天的思之念之，充满于脑海里的全都是亲人的影像和以前的生活片段，别的任何杂念自然都无法掺杂进来了。

祭礼的意义（三）

经过全心全意的思之念之，到了祭祀的当天，刚进祭室，抬头一看，一定会仿佛看到亲人的影像就在那席位上面。在上午的仪式进行到神要享用祭品时，孝子逡巡再三，不得已而退到门外等待，但精神却仍然集中在门里的活动，一定会听得到里面的声音，想象得到里面的动作，内心也自会感到相当的满足。下午的仪式进行到神要享用祭品的时候，也正是祭礼即将结束的时刻，孝子又退到门外注意地谛听着。想到祭礼即将结束而内心感到惆怅惋惜，一定会听到亲人在里面似乎也深有同感的叹息之声，于是心里更能获得非常的安慰。

由此可知，古圣先王他们对亲人的孝敬，是真的能做到把亲人的容貌影像永远保存在眼前，亲人的笑语声音永远保存在耳边，亲人的心意志趣、嗜好愿望永远保存在心里。因为如果你真的能尽其爱亲的心意，认真地思之念之，亲人虽然早已亡故，在感觉中似乎跟活着的时候并没有两样；如果你真的能尽其诚挚的心意，认真地祭之享之，亲人虽然是在渺茫之际，在感觉中却似乎格外的显著和真实。亲人活生生的影像，真实而显著的感觉，时时刻刻牢记在心底，在举行祭礼的时候，怎么会不是由衷地尽心尽意去做呢？

【原文】

祭之日，入室，僾然必有见乎其位；周还出户，肃然必有闻乎其容声；出户而听，忾然必有闻乎其叹息之声。是故先王之孝也，色不忘乎目，声不绝乎耳，心志嗜欲不忘乎心。致爱则存，致悫则著。著存不忘乎心，夫安得不敬乎？（《祭义》）

【说明】

进行祭礼时，希望主祭者的心意能有所专注，最好能找一个旁支的晚辈，穿戴起亲人生前的衣冠，坐在祭室的席位上，必然会增添祭祀时的真实感，加强祭祀的效果。这个角色，就叫作“尸”。当祭祀开始时，尸端坐在席位上，主祭者刚进门，猛一抬头，恍惚间自然就有音容宛在的感觉。尤其是经过三天的致斋，满心都是亲人的形象，这种仿佛若有所见的感觉，当然更加真实。

由于思念亲人，所以才举行这场祭礼，如今仿佛看到亲人就在面前，非但不会害怕，反而会因此感到十分的亲切，好像真的能像亲人生前一样，再一次地尽一分孝敬的心意。

周代的宗庙祭礼，是从早晨一直到黄昏一整天的。前后分作两个阶段：上午的叫做“朝事”，下午的称为“馈食”。朝事等于是先容，主要的部分是在馈食。这两个阶段的仪式和祭品当然不同，但是同样的都是以请“尸”代表神享用祭品为高潮。享用完毕，这阶段也就可以结束了。可是当“尸”要准备享用祭品的时候，人们必须要离开房间在外面等着。因为人与神之间不能直接相通，仪式的进行都靠“祝”来充当桥梁。这也许是有意增加神的神秘性，从而增加人们对神的尊崇与信赖。

假如人可以和神直接说话，可以看到神的动作，就会感到神和人没有什么不同，也就没有什么稀奇了。所以当“尸”代表神要享用祭品时，所有的人都必须退出门外，不可以看神是怎么吃喝的。在门外虽然看不到，但是可以听见。准备了那么多的祭品，目的就是为了能再一次地表示孝敬的心意，希望神能多多享用，所以在朝事礼中听到神在室内又吃又喝的时候，心里当然是既欢喜又满足。

可是在馈食礼中，想到既已进行到了享用祭品的仪式，也就说明整个祭祀马上就要结束，神也即将离去了，心里当然会感到离多会少的惆怅，以及那么快就将结束的惋惜。这时候如果能听到神在里面，似乎也因为到了不得不离去的时候，发出带有同样惆怅惋惜的叹息之声，相信这多少天的准备，以及祭祀当天的劳累，都会获得相当满足的报偿了。所以主祭者必须具有深刻的思念之情，而且具有全心全意的诚敬之心来从事祭礼，才能得到完美的效果。否则的话，便会流于虚文假套，毫无意义了。

孔子论主祭和助祭者的不同

孔子有一次举行秋祭家庙，亲自捧着祭品走近祭席时，神态非常诚恳，脚下却走得很轻快。等到祭祀完毕，子贡就问孔子说：

“您以前曾跟我们说过，祭祀的典礼中，一定要端庄稳重，惶恐戒惧的样子。可是我看今天您在家庙祭礼中，并没有您所说的端庄稳重、惶恐戒惧的样子，这是什么道理啊？”

孔子回答说：

“所谓端庄稳重者，在外貌上看起来，是一种和人家疏远的表情。所谓惶恐戒惧者，在容态上看起来，是一副自我警惕检点的表情。如果真的是怀着和人尽量疏远，或是自我警惕检点的心理，怎么能够和你亡故的亲人在精神上相感通呢？在这种情形下，哪里会有所谓端庄稳重，惶恐戒惧的样子呢？

“譬如当我们去参加天子诸侯的祭礼，在回到祭室将要举行馈食典礼的时候，音乐歌舞表演起来了，准备把各种祭品一样一样地往前进献，依照礼节的程序，配合音乐歌舞的韵律，文武百官都在场帮忙，于是这些帮忙的君子们当然应该是表现出端庄稳重、惶恐戒惧、战战兢兢、唯恐出错的态度，他们怎么会有恍恍惚惚而与神明相感通的表情呢？所以一句话，不能只朝一方面去解释的，而往往要依不同的情况，分别作适当的解释才是。

“孝子将要举行祭祀，一切事情不可以不预先考虑周到，事先要把应用的物品都准备好，不可以不求其齐全完备，所以一定要专心一意去办理。等到庙宇已经打扫完毕，屋子里的用具都已经陈设好了，应用物品也都已经准备齐全，夫妇两人经过斋戒沐浴之后，穿上盛大隆重的礼服，恭恭敬敬地亲手捧着祭品往祭席前面走去，脸上板板的一丝表情也没有，心神专注，谨慎严肃，诚惶诚恐地，就像是快要承担不了的样子，小心谨慎地，就像随时会出什么差错似的。用这样的心理和态度来举行祭祀，你想想看，他对亲人的孝敬之心真的够了吗？

“如果是把各种祭品一样一样地进献的时候，依照礼节的程序，配合音乐歌舞的韵律，文武百官都在场帮忙。主祭者亲手捧着祭品往祭席前面走去，这时候由祝官代替向神表明孝敬的心意，以其恍惚的状态，在精神上与神相互感通交往，希望神尽可能多多享用各种祭品。希望神能多多享用祭品，这才是孝子真正的心意啊！

“一个孝子举行祭祀，只要他确实是尽量照着虔诚的心意去做了，他的表现行动无论怎么样都自然是最诚挚的；只要他确实是尽量照着认真的心意去做了，他的表现行动无论怎么样都自然是最实在的；只要他确实是尽量照着爱亲的心意去做了，他的表现行动无论怎么样都是含有深爱的；只要他确实是尽量照着礼节去做了，他的表现行动无论怎么样都不会有过错失误的。

“在一进一退之间，都是由衷地流露着爱亲的心意：在往前进的时候，就像是自己在那儿聆听亲人的吩咐似的；退立在旁边的时候，还是一直惦记着亲人会有什么事要使唤自己似的，精神意志都放在亲人的身上。所以一个真正有孝心的孝子，从他祭祀当时的动作态度上是可以看得出来的：看他站在那儿时，内心充满了孝敬心意，所以心神专注，自然而然地身子会微微向前俯倾；看他往祭席走去的时候，内心充满了孝敬的心意，自然而然地会带有愉悦欢喜的神态；看他捧着祭品放到席上的时候，内心充满着孝敬的心意，自然而然地脸上会带有乐意请神尽量享用的表情；看他退立在一旁的时候，还是仿佛亲人将要指使他去做什么似的等待着；已经到了把祭品都撤下去，自己退出门外想的时候，脸上始终是保持着孝敬爱亲、虔诚恳切的神色，一丝都没有变。

“反过来说，如果孝子在主持祭祀时，站在那儿而不能微微往前俯倾，那就说明这个人太粗鲁没有见识；往祭席前面走去时不能有愉悦欢喜的神态，那就说明这个人跟他的亲人很疏远；捧着祭品放到席上的时候，脸上不能带有乐意请神尽量享用的表情，那就说明这个人根本不爱他的亲人；退立在一边的时候，而不像是惦念着亲人是否会指使他的样子，那就是说明这个人非常的傲慢；已经撤除祭品，退出门外之后，脸上丝毫没有孝敬恳切的神色，那就是说明这个人完全忘记了祭祀原来的用意。像这样来举行祭祀，可说是完全失去意义。

“如果一个孝子对他的亲人具有深厚的爱心，一定会带有宁静平和的气象。具有宁静平和气象的人，一定会表现出愉悦欢喜的态度。具有愉悦欢喜的态度的人，一定会自然流露出非常乐意请神享用的表情。

“反过来说，如果孝子的表现，像捧着贵重的宝玉似的，像捧着一满碗的汤汁似的，板着面孔一丝表情也没有，心神专注，谨慎严肃，诚惶诚恐地，就像是快要承担不了的样子，小心谨慎地，就像随时会出什么差错似的，一副极其严肃威重，冷冰冰，矜持端庄，四平八稳的样子，这根本不是事奉亲人应有的仪态，这是帮助别人来完成祭祀时所应有的态度啊！”

【原文】

仲尼尝，奉荐而进，其亲也悫，其行趋趋以数。已祭，子贡问曰：“子之言祭，济济漆漆然；今子之祭，无济济漆漆何也？”子曰：“济济者，容也远也；漆漆者，容也自反也。容以远，若容以自反也，夫何神明之及交？夫何济济漆漆之有乎？反馈乐成，荐其荐俎，序其礼乐，备其百官，君子致其济济漆漆，夫何恍惚之有乎？夫言岂一端而已，夫各有所当也。孝子将祭，虑事不可以不豫，比时具物，不可以不备，虚中以治之。宫室既修，墙屋既设，百物既备，夫妇齐戒沐浴盛服，奉承而进之，洞洞乎，属属乎，如弗胜，如将失之，其孝敬之心至也与？荐其荐俎，序其礼乐，备其百官，奉承而进之，于是谕其志意，以其恍惚以与神明交，庶或飨之。庶或飨之，孝子之志也。孝子之祭也，尽其悫而悫焉，尽其信而信焉，尽其敬而敬焉，尽其礼而不过失焉。进退必敬：如亲听命，则或使之也。孝子之祭可知也：其立之也敬以诎，其进之也敬以愉，其荐之也敬以欲，退而立，如将受命，已彻而退。敬齐之色不绝于面。孝子之祭也，立而不诎，固也；进而不愉，疏也；荐而不欲，不爱也；退立而不如受命，敖也；已彻而退，无敬齐之色，而忘本也。如是而祭，失之矣。孝子之有深爱者必有和气，有和气者必有愉色，有愉色者必有婉容。孝子如执玉，如奉盈，洞洞属属然，如弗胜，如将失之，严威俨恪，非所以事亲也，成人之道也。”(《祭义》)

【说明】

凡事，立场不同，目的不同，其所应该持有的态度，当然也不同。

一场宗庙祭祀典礼，在周代是相当繁重的，差不多要花一整天的时间，仪式必然是非常复杂。所以在祭室之中，除了主持祭祀的夫妇之外，一定还需要很多帮忙的人；主祭者和助祭者在立场上就已不同了。

主祭者举行这场祭祀的目的是由于思念亲人，希望能有一次机会和亲人再聚一聚，再能略尽一分孝敬奉养的心意，所以才有这场祭礼的安排。事先要有周详的思考筹划，庙宇的修缮，俎豆祭品的准备，还加上斋戒沐浴等，费心费力，就是为求能在精神上与神明得以互相感通，希望神能尽量享用所准备的一切，于是在内心才能获得安慰与满足。

因此在他进入祭室时，看到音容宛在的“尸”端坐在面前，非但不会以为是鬼魂出现而害怕，反而感到好像又回到亲人生前的生活，自然能怀着亲切欢喜的心理，乐意请神享用的表情，亲自捧着一样一样的祭品，急急忙忙地送到神的席位上去。

助祭者只不过是在整个祭礼之中，担任某一部分的事务工作而已，他的立场是扮演配角或者是跑龙套的人物，任务也只是遵礼行仪，该做什么就做什么而已。他能够很顺利地做完自己分内的事，就算是达到目的了，因此必须保有谨慎小心的态度，不能有一步走错，不能有一点失误。而且他与祭祀的对象没有深厚的感情，无须要求精神上的感通，在态度上自与主祭者截然不同。

如果是自己主持祭祀，只要本着深厚的爱亲之心去做，怎么做都是对的。这种爱亲之心的表现，不需要经人指点，人人都能做得到。但是助祭者参与别人的祭礼，帮助人家完成任务，对任务的内容、仪节规矩等，必须事先学会才行。所以孔子平时教导学生，准备让他们入仕朝廷，参与天子诸侯的宗庙祭礼，所讲的“济济漆漆”，当然是助祭者应有的态度了。

孔子论礼教的功用

有一次，鲁哀公向孔子请教说：

“所谓大礼究竟是怎么回事？为什么有道德修养的君子谈到礼的时候，都会那么样地表示尊敬和重视呢？”

孔子很谦虚地回答说：

“我是一个普通人，还不够资格了解礼的意义。”

哀公说：

“你不必谦虚了，请先生尽量说吧。”

孔子只好回答说：

“据我所知，社会群众之所以能够维系共同的生活规律，其间的因素应该以礼为最重要。如果没有礼的仪式，就没有适当的仪式来事奉天地神明；没有礼的等差，那就无法分辨君臣贵贱，上下长幼等不同的地位了！没有礼的界限，我们更不可能区别男女、父子、兄弟等这些复杂的亲属关系，或者是婚姻往来之间亲疏远近的社会关系了。正因为如此，所以有品德修养的君子才会对礼那么样地尊敬和重视。然后再以他们所能领悟的道理来开导群众，使他们基于其重要性的了解和认识，而不致废弃这些礼仪仪式的运用。

“如果这些事奉天地，分辨君臣，区别男女等的礼事，都已经推广实行而有相当成效之后，接着再加以细密地雕琢，文采的修饰。等到人民都已经奉行习惯之后，再慢慢地和他们讲求礼数的细节，譬如丧奠应该如何准备鼎俎食品，如何陈设猪牲干肉，丧终除服之后又应该如何奉之于宗庙，一岁四时如何举行虔诚的祭祀，祭祀之后又如何和宗族家人设宴聚会，以敦厚感情。使人民都能适应环境，安居乐业，制定衣服的等级，规划住宅的限度，限制车辆或用器的文饰不得过于浮华，饮食不得过分讲求口味。

“居于上位的领导者不但用礼来教导人民如何节俭，对自己的生活也同样加以检点约束，不得流于华丽奢侈，以求与人民同享安和乐利的生活。以前的君主都是这样来推行礼教的。”

哀公说：

“现在的君主为什么没有这么做呢？”

孔子说：

“现在的君主，往往贪财好货而不知满足，行为放纵任性而不知节制，从不关心人民的生活而态度又非常傲慢，向人民征收赋税又像要刮得干干净净似的，违反群众的意愿而处罚坚守正道的人，只求个人欲望的满足而不择手段。从前的君主是用前面所说的方式来对待人民，而现在的君主却是用后面所说的方式来对待人民，所以现在的君主不可能有人肯实行礼教了。”

【原文】

哀公问于孔子曰：“大礼何如？君子之言礼，何其尊也？”孔子曰：“丘也小人，不足以知礼。”君曰：“否，吾子言之也。”孔子曰：“丘闻之，民之所由生，礼为大。非礼，无以节事天地之神也；非礼，无以辨君臣、上下、长幼之位也；非礼，无以别男女、父子、兄弟之亲，昏姻疏数之交也。君子以此之为尊敬然。然后以其所能教百姓，不废其会节。有成事，然后治其雕镂、文章黼黻（fǔ fú）以嗣。其顺之，然后言其丧筭，备其鼎俎，设其豕腊，修其宗庙，岁时以敬祭祀，以序宗族。即安其居，节丑其衣服，卑其宫室，车不雕几，器不刻镂，食不贰味，以与民同利。昔之君子之行礼者如此。"公曰："今之君子胡莫行之？"孔子曰："今之君子，好实无厌，淫德不倦，荒怠敖慢，固民是尽，午其众以伐有道，求得当欲，不以其所。昔之用民者由前，今之用民者由后；今之君子莫为礼也。"（《哀公问》）

【说明】

现代国家，社会群众共同的生活规律，往往都是靠法律和宗教两样工具来维系；在我国先秦时代，既没有宗教，又不重视法律，那个时候的国家体制和社会人心，完全靠礼作为维系的重心。由此重心，产生了外在的秩序观念和内含的道德观念。

秩序观念反映在日常生活中，其显著的功用就如孔子所说，典礼的仪式、贵贱的等差和亲疏的界限等。道德观念反映于人心，那就是以民为本的政治概念和节俭安定的生活意识等。

当秩序和道德观念能发挥其功用时，当然是政治稳定，生活安乐。鲁哀公的时候，政治紊乱，诸侯大夫争权夺利，人民生活得不到重视，所以孔子特别强调礼治教化，希望借此开导哀公，以求能实现儒家的理想政治。

孔子论礼的表现态度

孔子在家里休息的时候，学生子张、子贡和子游三个人陪侍在旁。在随意的谈话中，话题转到礼的方面，孔子就说：

“你们三个人好好地坐着，听我来告诉你们礼应该是怎么样的，使你们对礼有了相当的体认之后，将来可以广为发扬，将礼的精神普遍地带到全天下去。”

子贡首先隔着席位站了起来，向老师请教说：

“请问老师，礼究竟应该是怎么样的呢？”

孔子回答说：

“如果只有谦敬虚心的态度，而实际的行为并不合于礼的要求，那就可以称之为粗浅无知，像个乡下人似的。如果态度上显得过分地谦顺恭谨的样子，而实际的行为却并不合于礼的要求，那就可以称之为虚伪做作，像是在巴结讨好似的。如果是一副勇于表现、过分热心的态度，而实际的行为却并不合于礼的要求，那就可以称之为胡作非为，像是在乱搅和似的。”

最后，孔子还特别强调说：

“要注意，那种谦卑恭谨、虚伪做作的样子，常会使人分不清楚，以为他真的是很慈蔼、很宽厚、很懂得礼似的，这种态度最要不得！”

接着孔子又申诫他们说：

“子张常常表现得稍微过火了些；而子夏有时候又嫌不够，

就如同郑国的子产一样，等于是大众的母亲，能让孩子们吃饱，却不会教孩子们懂得礼！”

子贡又隔着席位站起来问：

“请问老师，那该怎么样才能做到恰到好处呢？”

孔子说：

“那就是要把握住这个礼啊！唯有礼才是用以制定恰到好处的标准。”

【原文】

仲尼燕居，子张、子贡、子游侍，纵言至于礼。子曰：“居，女三人者，吾语女礼，使女以礼周流，无不遍也。”子贡越席而对曰：“敢问何如？”子曰：“敬而不中礼，谓之野；恭而不中礼，谓之给；勇而不中礼，谓之逆。”子曰：“给夺慈仁！”子曰：“师，尔过，而商也不及，子产犹众人之母也，能食之，不能教也。”子贡越席而对曰：“敢问将何以为此中者也？”子曰：“礼乎礼！夫礼，所以制中也。”(《仲尼燕居》)

【说明】

这是《仲尼燕居》的第一段，往下还有大段讨论礼的功用的文字，如果有兴趣，可以自己看下去。这一段是孔子训诫他的三个学生，分别指出他们的缺点，希望他们能各自检点以求改进。他说有些人表现得非常虚心，有些人则过分热心，这是在指责子张和子夏的过与不及，至于说到虚伪做作，则是在指责子贡。这三个人实在都是很了不起的贤者，但在孔子的心目中总还是认为有些缺点，所以才这样求全责备地数说他们。

其实他所指出的缺点，也正是一般人常有的通病。由这些缺点的指认，反而更能明显地区分出正常的礼究竟应该是怎么样的。正确的答案，就在那最后的一句话："礼，所以制中也"。"中"就是适如其分，恰到好处的标准状况。任何事都很难说绝对的好或不好，绝对的是与不是，只要能认清自己的环境和立场，就本分范围以内，不偏激冲动，也不松懈怠惰，不必要虚伪做作，平平实实地把事情做到恰到好处，这就算是合乎礼的标准了。

孔子论守制的用意

子路的姐姐死了，子路守丧已经期满，应该可以脱下丧服了，然而子路不肯就这样脱下。

孔子问他：

"你为什么还不肯脱下丧服呢？"

子路说：

"我家兄弟姊妹本来就很少，如今姐姐又过世了，所以我心里很难过，不忍心就这样把丧服完全脱下。"

孔子说：

“当初圣王明君订定这些礼的制度，都是有深远的用意的，所以凡是能懂得道德仁义的人，虽然都会有和你一样不忍的想法，但也都能体会这些礼制的用意，而不会随便地违反它。”

子路听了孔子的教训之后，才把丧服脱了下来。

【原文】

子路有姊之丧，可以除之矣，而弗除也。孔子曰：“何弗除也？”子路曰：“吾寡兄弟而弗忍也。”孔子曰：“先王制礼，行道之人皆弗忍也。”子路闻之，遂除之。（《檀弓上》）

【说明】

任何制度的订定，当初一定都曾经过缜密的思考，而且一定都是着眼于大多数群众福利而设置的。因此有时在我们个人立场感到有些不适合或不满意的地方，应该能设想到制礼的原意，于是自然人人都能纳入秩序的轨道，而不再有遗憾的感觉了。

孔子论治丧的标准

子游问孔子，办理丧事有没有固定的标准？

孔子回答说：

“办丧事要看家里现有的东西是多是少而定，家境富裕，可以办得丰盛些；家境不好的，也可以办得简单些。”

子游说：

“照您这么说，家境有贫有富，办起来那不是就没有统一的标准规格了吗？”

孔子说：

“丧礼当然是有标准规格的，不过富裕的人家要求合适，而不要超过标准就对了；如果是贫穷的人家，那么只要能有一套衣衾，把死者从头到脚都收殓好，也不必守着殡棺多少天的规定，随时都可以下葬。下葬的时候，只要亲人守在旁边，亲手拉着绳子慢慢地把棺柩放下去就行了。因为无论是富是贫，同样都是尽其所有、尽其所能地去做，哪里还会有人责备他不合标准呢？”

【原文】

子游问丧具，夫子曰：“称家之有亡。”子游曰：“有亡恶乎齐？”夫子曰：“有，毋过礼；苟亡矣，敛首足形，还葬，县棺而封，人岂有非之者哉？”（《檀弓上》）

【说明】

为了适应社会人群的需要，以及便于普遍地使用，任何礼的制定，必然会有其标准的规格；然而这些标准规格并不是一成不变的，尤其不是合于规格者谓之合礼，不合规格的就一定谓之失礼。孔子所说的，只要是尽心尽力去做了，就已合乎礼的原则，这才是真正的标准。不过这是对能力不足以达到标准的人来说的，对环境富裕的人家，则要求不能超越礼节。这就是针对过分奢侈铺张，以致破坏制度的一种善意的限制。

孔子论蜡祭

子贡参观了年终时候大祭鬼神的蜡（zhà）祭之后，孔子问他是不是觉得很开心，子贡回答说：

“热闹倒真是热闹，全国的人都像是发疯了似的，不过我还是看不出这有什么好开心的。”

孔子告诉他说：

“他们辛苦了一整年，由于君主恩泽，才得到蜡祭这一天畅快的欢乐，这里面的道理，恐怕不是你所能了解的了。如果人民的生活一直像拉紧的弓弦而不得放松一下，就算是文王、武王也办不到；但是如果一直是松弛着而从来不知拉紧，那又是文王、武王所不愿意做的。所以有一段时间紧张，也要有一段时间轻松一下，这才是文王、武王的为政之道啊！”

【原文】

子贡观于蜡，孔子曰：“赐也乐乎？”对曰：“一国之人皆若狂，赐未知其乐也。”子曰：“百日之蜡，一日之泽，非尔所知也。张而不弛，文、武弗能也；弛而不张，文、武弗为也。一张一弛，文、武之道也。”(《杂记下》)

【说明】

每年的十二月，既是农事已经结束，而且又是一年的年尾，所以从天子到乡里的地方官都分别召集人民，举行盛大的蜡祭，凡是对农民的种植有帮助的万物群神，都可以列为祭祀的对象，以表示感谢这一年之中，对农民的保护福佑。祭祀之前有化装游行，行神赛会，祭祀完毕，还有饮酒之礼，所以场面非常热闹。

由于没有工作及精神上的压力，所以大家情绪都非常好，喝起酒来更加轻松，的确可以使人感觉到一年的紧张，这时可以得到松弛。由此可见，这类典礼的安排设计，应该是领导者深切了解一张一弛的道理，有心为调剂人民身心的劳逸而制定的。一般人只知道照着去做，而未必能说得出这层意义。

曾子论哭的声调

曾申向他的父亲曾子请教说：

“父母死了，子女在哭的时候是不是有一定的声调？”

曾子回答说：

“小孩子在半路上突然找不到他的母亲了，你说他的哭声要有一定的声调吗？”

【原文】

曾申问于曾子曰：“哭父母有常声乎？”曰：“中路婴儿失其母焉，何常声之有？”（《杂记下》）

【说明】

《礼记·间传》有一段关于用哭的声调来表现哀悼的说明：最重的斩衰之丧，是一口气哭到底，好像气都回不过来似的；稍轻一点的齐衰之丧，哭的时候可以留点余气，回过气来再哭；再轻的大功之丧，哭起来还可以多转折几下，再拖个尾音；更轻的小功和缌麻之丧，哭的时候只要有悲哀的样子就可以了。[原文：“斩衰之哭，若往而不反；齐衰之哭，若往而反；大功之哭，三曲而偯（yǐ）；小功、缌麻，哀容可也。”]

这并不是谁规定的服什么丧，就要怎么哭法；而是说明人所遭遇的悲伤痛苦有重有轻，哭的声调有所不同，这完全是自然的反应。当然，在遇到父母死亡这样重大的痛苦时，差不多都会一口气哭到底的，完全是真情的流露，哪里会讲求用什么声调来哭呢？

曾子论礼器的用途

仲宪和曾子都是孔子的学生。有一天，仲宪对曾子说：

“对于亲人死亡后的殉葬物品，夏代用的是只有器物的模型，而不能真正使用明器；那是有意告诉人民，人死之后是没有知觉的。殷商时的人，是用宗庙祭祀用的祭器来殉葬，那是有意告诉人民，人死之后是有知觉的。到了周代，明器和祭器两种合在一起用，那是有意告诉人民，对于人死之后，到底有没有知觉，应该保持不能确定的态度。”

曾子表示不同意，说：

“恐怕不是这样的吧！恐怕不是这样的吧！要说明器，那只能说是为了亲人的鬼魂所特别准备的一种器物；至于殉葬时用祭器，那也只能说就拿自己现用的器物来奉献的意思；其实两者无论用哪一种，都是在表示孝敬亲人的心意，这并没有什么不同。所以就以夏代的古人来说，怎么会有认定他们的亲人死后，就一定是无知无觉的想法呢？这当然是不对的！”

【原文】

仲宪言于曾子曰："夏后氏用明器，示民无知也；殷人用祭器，示民有知也；周人兼用之，示民疑也。"曾子曰："其不然乎！其不然乎！夫明器，鬼器也；祭器，人器也。夫古之人，胡为而死其亲乎？"（《檀弓上》）

【说明】

礼的形式器物，并不是最重要的，而且可以随着时代的不同而改变。重要的是当初设计安排这些形式器物的用意，以及这些形式器物所产生的效果作用。仲宪对于三代殉葬用的器物不同，作了错误的礼意的说明，所以曾子才如此严正地驳斥他。曾子只驳斥了他对夏代用明器是告诉人民人死之后没有知觉的错误，对周代两种器物的合用是表示疑惑态度的说法，并没有加以驳斥。不过既然已经解释了明器的用意，周代的礼意当然包含在内，也就不必再说了。

礼有权宜的变化

子路做了鲁国大夫季孙氏家里的总管。季孙氏举行家庙的祭祀，都是从一大早天还没亮就开始，然后一整天下来还没有结束，天黑了点上火把继续进行。尽管有强壮的体力，恭敬虔诚的心意，到这时候也自然都疲倦而懈怠下来了。那些管事的人都已经累得筋疲力尽，或是拖着脚步往前走，或者是倚靠在物件上面，勉强地应付着那些祭祀的仪节。这样进行祭礼，当然是显得大不诚敬。

又一次家庙祭祀时，子路也参与其事，在管理方面作了新的安排。在室内举行正祭的时候，叫人在室外把应该准备的祭品事先都准备齐全，依次序送到祭室的门口，交给室内的人端着去献尸。到了进行堂上傧尸的礼节时，也照样把食品都事先准备好，由堂下的人在台阶上交给堂上的人，再送去礼待那担任尸的人。整个祭礼从天亮开始进行，到傍晚的时候就结束了。

孔子听说了这回事，非常称赞地说：

“谁说子路不懂得礼！”

【原文】

子路为季氏宰。季氏祭，逮暗而祭，日不足，继之以烛。虽有强力之容，肃敬之心，皆倦怠矣。有司跛倚以临祭，其为不敬大矣。他日祭，子路与，室事交乎户，堂事交乎阶，质明而始行事，晏朝而退。孔子闻之，曰：“谁谓由也而不知礼乎！”(《礼器》)

【说明】

祭礼以诚敬为主，如果心意不诚，祭祀只是一种形式，那就毫无意义可言了。周代的家庙祭礼是从早上一直进行到黄昏的，一整天的工作的确已经够辛苦的了，如果还要点上火炬再延长下去，任何人都受不了。所以难怪那些管事的人疲倦懈怠。与其这样勉强硬撑而失去了诚敬的心意，不如在技术上稍加变通改进，从而可以保存祭祀的意义，不是更好吗？由此可知礼有权宜之变，并不是不能更动的。

孔子论孝

子路说：

“没有钱的穷人可真是可怜啊！当父母在世的时候，没有办法好好地尽到奉养的心意，到父母去世了，又没有办法完全合乎礼制规定地办好丧事！”

孔子认为话不应该这么说，他说：

“父母在世的时候，也许只能吃点豆子或杂粮熬的粥充饥，只能喝些清水解渴，但是如果做儿女的能使父母亲在精神上获得满足，生活得非常愉快，这就足够称之为尽孝了。父母去世的时候，只有足够的衣食，把亲人从头到脚能完全地遮盖敛藏起来，或许是随时就下葬，或者是连外椁都没有准备，这都没有关系，因为做子女的已经就他的财力物力所及尽量去做了，这就足够称之为合礼了。”

【原文】

子路曰："伤哉贫也！生无以为养，死无以为礼也。"孔子曰："啜菽饮水，尽其欢，斯之谓孝。敛首足形，还葬而无椁，称其财，斯之谓礼。"(《檀弓下》)

【说明】

为了给一般人实行时方便，礼在形式上必须要建立一些制度、规格或仪式。但这些制度、规格或仪式，并不表示着一成不变，或是缺一不可的标准。甚至于有些时候，还必须要更强调礼的从权及衡情称力的观念。尤其在财力物力有所不足的时候，更可以不必要求一定要完全合乎规格。

古代不为庶民制礼，就是为了怕庶民的财力不足，给他们制定了标准之后，如果有人做不到，那就等同于虚文了。再者，世间很多人对父母物质上的供养，倒也够得上丰厚，但子女没有敬爱的心意，又怎能算是尽孝呢？也有在办丧事时，极尽铺张奢侈，甚至超过一般标准，这又怎能算是合礼呢？所以由此看来，合礼与否，全在于心意的表达是否诚敬，而不在于贫或富。

曾子论孝

曾子曾经说过："孝有三等：最伟大的孝，是有大功大德，造福人群，自己受人崇敬，进而也使父母之名显扬于后世。其次，是自己立身于社会之中，兢兢业业，以品德自持，终身没有任何让人指责批评的污点，也没有为父母带来羞辱的名声。最次的一等，那就只是能做到尽心奉养父母而已。"他的学生公明仪问曾子：

"像老师您这样，该可以称得上是孝了吧！"

曾子很谦虚地回答说：

"这是什么话，这是什么话！在有修养的君子的心目中所谓的孝，首先应该是在父母还没有想到之前，就已经非常关心地为他们准备好一切需要的事物；进而能做到完全秉承父母的心意行事，甚至努力完成父母所做不到的心愿；再进而能做到不着痕迹地引导父母趋向正确的人生。要能做到这三点又谈何容易。我只不过是能做到尽心奉养而已，哪里够得上称孝呢？"

【原文】

曾子曰："孝有三：大孝尊亲，其次弗辱，其下能养。"公明仪问于曾子曰："夫子可以为孝乎？"曾子曰："是何言与！是何言与！君子之所谓孝者：先意，承志，谕父母于道。参直养也，安能为孝乎？"（《祭义》）

【说明】

一般人对于孝的认识，往往仅止于奉养父母的观念而已，不知道在奉养双亲之外，还有许多更重要的工作要做，还有更高的境界和层次。由曾子的这些话，我们不但能了解以上的这些道理，而且还可以体会出，孝的活动范围也并不是仅限于我与父母之间而已。当我们立足于社会之中，本身各方面的表现，当我们立功立德，为广大群众谋福利的成绩，这些也都是孝的扩张与延伸。能由此了解孝的内容、孝的范围、孝的层次境界，相信不仅对自己和亲人有益，而且对于做人做事，乃至于对社会国家都会有好处。

乐正子春论孝

乐正子春有一天从堂上走下来的时候，不小心把脚给跌伤了，好几个月都不出门，脸上始终有难过的神色。他的门下弟子觉得很奇怪，就问说：

“我们觉得老师您的脚应该早就好了，可是这几个月来，您从来不出门，脸上还带着难过的样子，这是什么原因啊？”

乐正子春回答说：

“你这个问题问得很好，的确问得很好！以前我听我的老师曾子说过，曾子是从孔夫子那里听来的，是说：‘一切天所生的，地所养的，世间万物没有比人更了不起的了。因为父母完完整整地把我们生下来，直到我们死的时候，我们也能做到完完整整地归还给父母；能做到这样的话，就可以称得上是孝子。所谓的完完整整，有两层意义：就形式而言，是指身体发肤没有受到任何的毁损；就实质而言，是指思想行为没有任何值得羞愧见不得人的污点；能做到这样的话，才可以称得上是对得起父母的完完整整的人。人之所以了不起的地方，就在于人能做到这样完完整整的孝。’所以一个有修养的君子，走一步路都要小小心心的，不敢忘了要对得起父母的孝道啊！这次我就是因为太不小心，竟然忘记了应当遵守的孝道。脚是早就好了，可是我心里很不舒服，所以脸上始终有着难过的神色啊！”

由此可见，在我们的日常生活中，一举足之间不敢忘记父母，说一句话也不敢忘记父母，时时刻刻念着要对得起父母才是。正因为一举足之间不敢忘了父母，所以我们应该走那宽广的大道，而不可以贪近去走那偏僻的小路，应该乘船渡河，而不可以轻易涉水，因为我们已经想到了，不敢随便地拿父母交给我们的身体，去做不必要的冒险。正因为说一句话也不敢忘了父母，所以我们不会说那些不好的话，自然也不会招惹别人的怒骂回到我们身上来；自己的行为举止没有什么值得羞辱的地方，自然也就不会连累到父母也蒙上耻辱；这样的话，才可以称得上是孝啊！

【原文】

乐正子春下堂而伤其足，数月不出，犹有忧色。门弟子曰：“夫子之足瘳（chōu）矣，数月不出，犹有忧色，何也？”乐正子春曰：“善如尔之问也，善如尔之问也！吾闻诸曾子，曾子闻诸夫子曰：‘天之所生，地之所养，无人为大。父母全而生之，子全而归之，可谓孝矣。不亏其体，不辱其身，可谓全矣。’故君子顷步而弗敢忘孝也。今予忘孝之道，是以有忧色也。”壹举足而不敢忘父母，壹出言而不敢忘父母。壹举足而不敢忘父母，是故道而不径，舟而不游，不敢以先父母之遗体行殆。壹出言而不敢忘父母，是故恶言不出于口，忿言不反于身；不辱其身，不羞其亲，可谓孝矣。(《祭义》)

【说明】

乐正子春是曾子的学生，他对于孝的观念当然是从曾子那儿得来的。本文的前两段就有曾子的话，他说：“我们的身体都是父母所留下来的，我们的一举手、一投足，都是在行动父母的遗体，能想到这一点，你敢不小心谨慎吗！”（原文：“身也者，父母之遗体也，行父母之遗体，敢不敬乎？”）曾子的意思是要提醒我们，当我们受到伤害的时候，也许自己并不在乎，但最爱我们的父母却会因此而深感痛苦，就像是直接受到伤害的不是我们，而是我们的父母一样。能体会到这一点，就不会说出“好汉做事一人当”，“二十年后又是一条好汉”这一类自以为潇洒的话了。

至少也会想到如果这样做的话，会不会让父母为我担心。只要存此一念，自然就等于在自己的思想行为上，加了一层约束的力量，也加重了一分行为的责任感。久而久之，习惯了事事多加考虑，这个人不但会因此而稳重实在，而且也变得成熟多了。又如曾子所说，身体发肤，受之父母，不可毁伤，这一类的话，都是用以诱导人们对自己的行为要多加小心的一套说法。所以偶然跌伤了脚，原本不算一回事，但乐正子春却为自己行为的疏忽而难过了好几个月，这正是圣贤修养的着力之处。

孔子论大同和小康

从前，孔子曾经被邀请参加年终十二月大祭鬼神的蜡祭，而且担任祭礼中的特别贵宾。祭祀完毕出来时，游目于两座高高的门阙之上，那是悬挂典章法令给人民看的地方。孔子非常感慨地叹了一口气，他是为鲁国的今不如昔而感叹。当时子游（言偃）陪侍在旁边，问孔子：

“老师不是说过吗？君子胸怀坦荡，不应该常常叹气的；今天老师为什么叹气呢？”

孔子说：

“当年实行最完美、最理想的政治体制的时代，以及后来夏、商、周三代中几位英明杰出的领袖当政的时代，我都没能来得及看到，幸好还有些文献资料的记载，可以让我知道一些大概的情形。

“最理想的政治实行时，是以天下为天下人所共有的。政治上是推选贤能的人出来主持政治，讲求诚信厚实，教人亲和团结！所以在社会上，每个人不仅亲爱自己的亲长，照顾自己的儿女，而且能推广他们的爱心，使每一个老年人能得乐享天年，使每一个壮年人能贡献其才力，使每一个儿童能得到良好的教育，以至于鳏夫寡妇、孤儿、老而无子者、残废的、有疾病的，都能得到温暖的照顾。

“男人有力者耕田，有能者服务社会，各有其正当的职业；女人也各有其自己的家庭。丰厚的财力资源既不愿就这样搁在地下不用，当然就应该努力去开采，有了收获应该与社会群众共同享用，不必藏在自己的口袋里。遇到必须要大家贡献心力的事，每个人都唯恐自己用不上力，但是也不是为个人有利才如此。

“在这样的社会状况下，人人竭诚相待，自然不会有那些钩心斗角的阴谋诡诈，也不会有那种抢劫偷窃，兴兵作乱的事件发生了。所以一般人家，虽然有门窗的设置，那只是用来阻挡风雨而已，关不关闭都无所谓。这就是真正理想的太平世界。

“自从夏、商、周三代以来，那种理想而完美的太平政治，已经成为过去了，天下成为一家一姓的天下。社会上每个人只能亲爱自己的亲长，照顾自己的儿女，资源的开发，劳力的奉献，都只是为自己的利益打算。

“诸侯的爵位，或者是兄终弟及，或者是父子相传，成为固定的礼制；诸侯之间，也建立起里城外城，挖掘了护城的河沟，作为坚固的防守设备。

“特别强调礼义的精神作为约束的纪律，用这套纪律来确定君臣的名分，笃厚父子的恩情，亲和兄弟的友爱，调和夫妇的感情；同时也用以建立制度，划分田里的疆界，尊重具有勇力和智能，能为保护其私有财产而尽心尽力的人；他们一切的功绩成就，都归个人所有。因此那些欺哄诈骗、投机取巧的谋略，当然就跟着产生了，而那种兵凶战危的事件也就随着而出现了。

“在这段时期里，夏禹、商汤、周文王、周武王、周成王和周公，就是采用这种方式来治理天下中最杰出的几位人物。因为这六位政治领导者，没有一位不是小心谨慎地遵守礼制为治国原则的。根据礼制的原则来教导人民对仁义礼智信五德的体认，使人民都能了解什么才是适当的是非标准，养成人民诚信笃实的性格，明白指出人民过失罪恶的所在，标榜仁爱的典型，树立礼让的风气。

“五德教育的目的，在昭示人们生活行为的常态。如果有人违反以上的五种美德，即使是有权有势，也要把他赶走，因为人人都会把他当作祸害看待。这就是比最完美的理想政治规模稍小，而仍然是国泰民安的时代。”

子游接着再问：

“照您这样说来，礼可真是国家社会极其急迫需要的东西了？”

孔子说：

“礼本来就是先圣明王采用自然的法则，来规范人类生活行为的成果。人类既然是自然的产物，失去这些法则，便不能生存，能适合这些法则，才能继续生存下去。

“《诗经·鄘风·相鼠》说：‘你们看那小小的老鼠，尚且还有个老鼠的体貌，人怎么可以没有人的礼貌呢？人如果没有人的礼貌，为什么还不快点去死呢？’

“由此看来，礼的兴起，必须根据天象的变化，符合其自然演变的法则；必须效法土地山川的形态，符合其因地制宜的原则；必须配合鬼神的尊严，符合其诚敬心理的要求。这些极其抽象而高深的内涵精神，必须借具体形式的礼仪来做推广，于是人民在熟习了丧礼、祭礼、射礼、乡饮酒礼、冠礼、婚礼、朝觐礼、聘问礼等各种仪节进行之后，自能经由日渐的体会而了解这些仪节设置的用意，以及其内含的精神。所以圣人只要拿这些具体的礼仪来教导人民，天下国家一定可以获得正常而符合理想的治绩。”

【原文】

昔者仲尼与于蜡宾。事毕，出，游于观之上，喟然而叹。仲尼之叹，盖叹鲁也。言偃在侧，曰：“君子何叹？”孔子曰：“大道之行也，与三代之英，丘未之逮也，而有志焉。大道之行也，天下为公，选贤与能，讲信修睦；故人不独亲其亲，不独子其子，使老有所终，壮有所用，幼有所长，矜寡孤独废疾者，皆有所养；男有分，女有归。货恶其弃于地也，不必藏于己；力恶其不出于身也，不必为己。是故谋闭而不兴，盗窃乱贼而不作，故外户而不闭，是谓大同。今大道既隐，天下为家，各亲其亲，各子其子，货力为己。大人世及以为礼，城郭沟池以为固。礼义以为纪，以正君臣，以笃父子，以睦兄弟，以和夫妇，以设制度，以立田里，以贤勇知，以功为己，故谋用是作，而兵由此起。禹、汤、文、武、成王、周公，由此其选也。此六君子者，未有不谨于礼者也。以著其义，以考其信，著有过，刑仁讲让，示民有常。如有不由此者，在埶者去，众以为殃，是谓小康。”

言偃复问曰：“如此乎礼之急也？”孔子曰：“夫礼，先王以承天之道，以治人之情，故失之者死，得之者生。《诗》曰：‘相鼠有体，人而无礼？人而无礼，胡不遄（chuán）死？’是故夫礼，必本于天，殽于地，列于鬼神，达于丧、祭、射、乡、冠、昏、朝、聘，故圣人以礼示之，故天下国家可得而正也。”（《礼运》）

【说明】

《礼运》是借子游和孔子的问答，说明从上古以来，礼制随着生活方式的改变逐渐演进的历程，以及礼在群众生活中所负维系社会秩序和道德人心的功能。全文相当长，而且文字比较严肃。

但开头的这一段引起，记述孔子谈论大同、小康的政治，倒是非常的有名。尤其先行者孙中山先生提倡民主政治，时常引证“大同”这一段的“天下为公”，于是“大同”这一段比“小康”更为有名。

孔子所说的大同社会，是指尧、舜以前的时代。那个时候生活单纯，民风淳厚，当政者都是标榜以德治民，根本不需要任何形式制度的约束，而人民自然能够各秉纯洁无邪的心性，互助合作，和睦相处，绝没有钩心斗角，更没有盗窃乱贼，那是一个至美至善的天堂，在孔子心目中，那真是一个可望而不可即的理想社会。他不但是由衷地赞美，而且是充满了向往之情。

可是在三代以下，社会人心都变得复杂了，只凭抽象的道德概念已渐渐不足以维系，必须在道德的外围加上具有约束力量的礼制，才能收到规范群众行为的效果。于是自然由德治思想转而成为礼治的形态，一切都必须依照设计好的规则制度去作。无论是政治的礼制、君权的继承、私有财产的制度、人伦的关系等，都形成固定的礼制去推动和实行。夏、商、周三代之中，几位杰出的当政者，的确也曾开创了安康的局面。利用礼治所缔造的安康局面，要和大同社会相比，自然稍形逊色，所以相对地称之为“小康”；然而对一般人民的生活而言，也一样能得到安和乐利的效果。所以和孔子所处的春秋乱世相比，也不失为可行的理想政治。

德治社会的精神是由内而外的，每个人都发挥其纯洁至善的内在心性来处人处事，所以必须是立基于淳厚的民风和足以自律的道德水平。但是当人事日渐复杂之后，风气大不如前，而且一般的道德水平低落之后，纯粹的以德治民有时就行不通了。因此礼治的精神就是由外而内的，用种种成型的礼制显示出标准的规律，让人民在遵礼行仪之间，由外在的形式仪节引发内在心性的认知，久而久之，一样能够获致理想教化的效果。

孔子介绍了这两种典型的理想社会之后，最后的一段话里可以看得出，孔子虽然是极其赞美而且向往于大同社会，但他所真正强调的还是在礼治。因为实际上道德人心已经低落到某种程度后，要使他们再回复到上古时代的纯洁无邪，那是不可能的事，孔子也绝不是一个好高骛远的人，他的言论都是说明要在现实中谋求改进。因此他指出最高的理想境界，但却是可望而不可即的，就实际情况来说，小康的社会还是可以做得到的。所以孔子周游列国，游说诸侯的，都还是君臣父子，以礼义为纲纪的一套理论。至少在这段文字里，孔子真正的心愿还是在于小康社会形态的倡导，这是毫无疑问的。

制礼的因素

礼的制订有五项因素：最重要的是时代观念的因素，其次是伦理关系的因素，再其次是主体和对象的因素，再其次是使用意义的因素，最后是条件配合的因素。譬如尧传位给舜，舜传位给禹，那是禅让的时代；商汤放逐夏桀，武王讨伐商纣，那是革命的时代；这就是时代的不同，所以《诗经·大雅·文王有声》说：“并不是我要那么急迫地实现自己的愿望，而是为了追念前王建功立国以荣耀祖先的孝心才这么做的。”时代不同，思想观念不一样，礼制当然也就有改变了。

至于天子的祭祀天地，诸侯的祭享宗庙，父子之间的亲情，君臣之间的道义，这就是包含着尊卑长幼、父子君臣相对的伦理关系。又如对社稷山川的祭祀和宗庙鬼神的祭祀，由于天地和人鬼不同，礼各有别，这就是主体对象的因素了。再如丧事和祭祀所用的礼和宾客交往的礼，当然不一样，这就是使用意义的差异了。

又如用一头羊或一头猪的祭礼，祭祀完毕时，所有来助祭的人，都会得到一块表示分享福祚的祭肉；而用牛羊猪三牲具备的大祭，也不会有祭肉剩下来，这就是祭礼当中有条件配合的安排了。再如诸侯的身份，可以拥有用以占卜非常珍贵的龟甲，还有代表受封，含有祥瑞意义的玉圭；而大夫之家却不可以有宝龟和瑞玉，也不可以有像诸侯宫前用以捍卫变乱的高大建筑；这也是说明身份不同，礼制有适当条件配合的意义。

【原文】

礼，时为大，顺次之，体次之，宜次之，称次之。尧授舜，舜授禹；汤放桀，武王伐纣；时也。《诗》云：“匪革其犹，聿追来孝。”天地之祭，宗庙之事，父子之道，君臣之义，伦也。社稷山川之事，鬼神之祭，体也。丧祭之用，宾客之交，义也。羔豚而祭，百官皆足；大牢而祭，不必有余，此之谓称也。诸侯以龟为宝，以圭为瑞；家不宝龟，不藏圭，不台门，言有称也。(《礼器》)

【说明】

时代观念的转移，伦理关系的差别，主体对象的改变，使用意义的歧异，条件配合的不同，这五种因素，自然形成体制的改变。这已说明了体制并不是一成不变的，是可以适应需要而作适当的改变的。虽然我们了解了一切礼制都是可以改变的，然而却更须提醒注意的是：

（1）如有必要的改制，仍应以这五项因素作为改订礼制的依据。

（2）如果对客观环境条件没有全盘的了解，或是对历史文化的渊源认识不够，由这些人来改制，就很容易发生主观本位的偏差。《礼记·中庸》就说过：不是天子的地位，不能贸然地讨论礼制，不能轻易地订定制度，不能随便地修定文字。(原文：“非天子，不议礼，不制度，不考文。”）意思就是没有这样的身份，考虑难以周密，改制容易发生偏失。

（3）虽然历代都有礼制的改订，大致说来也都是就原有的礼制加以增损而已，很少有意地创新或发明的。《论语·为政》中孔子曾经说过：殷商的礼是根据夏代来的，周代的礼是根据殷商来的，其中有所增减，可以看得出来；所以从周代以后，虽经百世，其中也是有所增减，是可以想见的。（原文："殷因于夏礼，所损益可知也。周因于殷礼，所损益可知也；其或继周者，虽百世可知也。"）夏、殷的礼，文献不足，现在所保存的最早的资料，都是属于周代的礼，所以研究礼学的人，一定要追溯到先秦礼学的源头，再往下看它的历代沿革。因此礼制的改订，绝不可以依照个人的爱恶，随便创新发明，尤其不可以硬把别国的东西移植到自己的国家来。

（4）礼的形式常随时代变迁而僵化，但是当初立礼的精神，却不会有太大是非的转变。所以在今天我们还是必须要研究古代礼制的原因，就是为了体认哪些最适合我们国情需要，在过去社会中卓有成效的礼制精神。能掌握礼的精神价值来改制，行之于今天，行之于后世，都是绝对正确的。

第三章　品德的修养

儒者的典型（一）

鲁哀公有一次开玩笑地问孔子说：

“老先生，您身上穿的是不是代表儒者的特别服装啊？”

孔子非常谨慎地回答说：

“我小时候住在鲁国，穿的是鲁国所习惯穿着的宽袍大袖的衣服；年长之后曾住在宋国，那时候我戴的是宋国人人都戴的章甫之冠。我只听说一个有德的君子，在道德行为上应该要求渊博，超过他人，不会在服装上要求标新立异的，大概是入乡随俗就可以了。所以我从来没有听说过，儒者还有什么特别的服装。”

哀公说：

“那也好，我倒想听听儒者在道德行为上有什么过人的地方。”

孔子回答说：

“这个问题不是三言两语，仓促之间所能说得完的。如果要详细说明，恐怕要耽搁您的时间，留下来慢慢说才行，说不定一直到仆人换了班，我还说不完！”

孔子这样说的原因，就是要看看哀公是不是真的要听。结果哀公命人铺好了座席，准备好好地听。孔子陪坐在旁边，这才慢慢地说：

“儒者有很多别人所没有的特点，因此必须要从许多不同的角度来加以说明才行。有一种儒者，在道德修养和学问方面，尽量充实自己，使自己光辉发越，就像席位上的珍宝一样，等待着圣王明君的召请聘用。他们从早到晚奋勉向学，广泛地求知以等待别人的询问；信以对人，忠以对事，建立自己的操守原则，等待别人的推举；认真努力去实践自己的理想人格，以等待别人的取用。他们都是这样地自求建树培养，成为有用的人才。”

【原文】

鲁哀公问于孔子曰：“夫子之服，其儒服与？”孔子对曰：“丘少居鲁，衣逢掖之衣，长居宋，冠章甫之冠。丘闻之也，君子之学也博，其服也乡。丘不知儒服。”哀公曰：“敢问儒行。”孔子对曰：“遽数之，不能终其物；悉数之，乃留，更仆未可终也。”哀公命席，孔子侍，曰：“儒有席上之珍以待聘，夙夜强学以待问，怀忠信以待举，力行以待取；其自立有如此者。”（《儒行》）

【说明】

儒者也是人，唯一跟一般人不一样的地方，是由于他们具有高尚的品德行为。品德行为的具体表现是多方面的，为了让一般人了解儒者在品德行为方面所要求的是哪些项目，从而可以鼓励大家模仿学习，端正人格修养，改易社会风气，同时也给后世儒者树立典型的楷模，所以孔子从各种不同的角度，仔细地加以说明。

在儒家的典籍中，除了《论语》里零星散见的几条以外，对儒者所应当具备的特有风格，作直接而具体的说明的，也只有《儒行》这一篇而已。所以后世的读书人，没有人不读这篇文字的。经过多少年的熏陶鼓荡，这里面所标榜的许多特点，已经渐渐形成代表中国人的传统精神。这些传统精神的特色，反映在历史上，曾缔造过多少可歌可泣的故事，也塑造了多少人物典型。面对着今日蜂拥纷杂的世界思潮，五花八门的社会形态，也的确应该标榜这些经过历史证实，最适合我们需要，纯粹中国典型的儒家传统精神，给即将迷失的下一代，在人生的意义上作正确的指导。

这第一段所说的是儒者如何强学以致知，如何以忠信立其本，如何力行实践的精神，同时也说明了儒者只求自我的培养建树，无所求于当世，而社会却必须仰仗这些人的奉献，才能繁荣进步。

儒者的典型（二）

有的儒者从外貌看来，衣冠适中，不求标新立异，行动尤其谨慎小心。遇到有严重违反自己做人原则的事情时，他能坚持操守，严辞拒绝，态度好像很傲慢的样子；但遇到无所谓的小事而需要推辞时，却过分谦虚客气得近乎做作的样子。当他面临大事的时候，严肃而威重，显示着有所不为的态度；如果面对小事，则往往是谦卑惭愧，显示着有所不能的样子。如果是不合道义的事，他绝不参与，所以很难用官爵利禄来任用他；即使已经任职，道不同则不相为谋，他也会随时离职而去的。但是无论是进还是退，他都是把才德隐藏在里面，表现在外的是一副柔弱无能的样子，一点锋芒都不愿表露出来。儒者在外貌上看来往往有像这样子的。

【原文】

儒有衣冠中，动作慎。其大让如慢，小让如伪。大则如威，小则如愧。其难进而易退也，粥粥若无能也。其容貌有如此者。（《儒行》）

【说明】

儒者在外表上给人最清晰的印象，应该就是谦卑礼让。既然儒者以礼自持，因此服装行动一定都很谨慎，不会要求有特殊的表现。然而礼让也并不是任何事都一样，当然要看大事小事，但最重要的还是要看是否合乎做人做事的基本原则。不标新立异，不哗众取宠，不锋芒毕露，不力求表现，这都是儒者的本色，也正是儒者可爱的地方。

儒者的典型（三）

有些儒者日常起居生活非常严肃谨慎，无论是坐着站着，都是很端庄恭敬的样子。每说一句话，都要先考虑是否实在。每一行为动作，一定要求合乎中正平和的原则。任何道路上，儒者不愿意为险要或平坦的利益所在，和人起争执；任何时间内，不愿意为夏凉或冬暖的好处，跟别人闹得不愉快。与人无争，与世无争，好像很珍惜自己的生命似的，但并不是贪生怕死，而是有所等待，等遇到值得争的大事时，他可以不惜生命去争。儒者平时只知如何努力培养自己，使自己成为有用的人，然后有机会的时候，才能希望有所作为。儒者对道德修养的储备，和自身价值的预估，往往有像这样子的。

【原文】

儒有居处齐难，其坐起恭敬，言必先信，行必中正。道途不争险易之利，冬夏不争阴阳之和。爱其死以有待也，养其身以有为也。其备豫有如此者。(《儒行》)

【说明】

死有重于泰山，有轻于鸿毛，就看生命价值的判断值得还是不值得。如果只是意气之争、利益之争，当然要把死看得很重，所以古人说："千金之子，不死于盗贼"，"君子不立于危墙之下"，就是认为那样的死，太不值得。儒者应该珍惜自己有用的生命，没有杀身成仁、舍生取义的大事，不可以轻言牺牲，所以平时应该谨言慎行，坚守正道，充实自我，以待有所作为。

儒者的典型（四）

儒者有从来不认为金玉是可贵的，而认为能具备忠信的美德才是可贵的；从来没有想过要买田置产，而以能建立是非观念当作立身之地；从来不要求财物的多多积蓄，而以能多学到些诗、书、六艺，这才算是富有。这些人是很难加以罗致的，然而却很容易以正当的报偿请他们来任职于朝廷，为国家做事；虽然很容易请他们在朝廷任职，但却又很难用高官厚爵来供养他们。因为如果不是适当的时机，这些人往往晦藏隐退，不愿表现自我，这不是很难加以罗致吗？如果在上位者不守道义，这些人一定是合不来的，这不是很难用高官厚爵来供养吗？他们愿意先为国家做事，而后才取用自己应得的报酬，这不是很容易请他们在朝廷任职吗？所以儒者的容易和人亲近，往往是这样子的。

【原文】

儒有不宝金玉，而忠信以为宝。不祈土地，立义以为土地。不祈多积，多文以为富。难得而易禄也，易禄而难畜也。非时不见，不亦难得乎？非义不合，不亦难畜乎？先劳而后禄，不亦易禄乎；其近人有如此者。(《儒行》)

【说明】

一般人大都重视金玉、田产、财富。儒者只重视忠信、道义、诗、书、六艺之类，不与人争，所以很容易和一般人亲近。在上位者如果能符合治事的原则，诚心为国家社会谋福利，儒者没有理由不来，所以和任何人都一样地容易亲近。不过唯一的条件，就是一定要合乎做人做事的基本道义才行。

儒者的典型（五）

儒者遇到有人用大量的礼物钱财来拜访他，或者用许多一般人爱好的事物来包围他，虽然是大批的利益好处放在眼前，但他绝不会因此而做出有损道义，不辨是非的事来。也许遇到有人利用群众来胁迫他，用武器来威吓他，虽然面前明摆着的是死路一条，他也绝不会因此而做出违背良心，改变操守的事来。

有时为了伸张正义，他与社会上的恶势力拼死搏斗，大义当前，奋勇到底，根本无法考虑本身的力量够不够。以天下的安危当作是自己的责任，事之必行，义无反顾，也不考虑自己的能力如何。一举一动，都必须要求合情合理，所以已经做过的事，不会让它有任何悔吝歉疚。只要这件事是应该做的，就认真去做，不必预计其后果的成败如何。

如果偶尔言语不慎，说错了话，立刻改过，绝对不会再犯第二次错。对于那些飞短流长的谣言，不必深加追究，谣言自然平息。自己行得正，坐得稳，遇到挫折打击，绝不影响自尊。在不得意的境遇里，仍能安守本分，不必去学别人那些用不正当的手段来谋求进取。儒者的立身处世，往往有这些与众不同的独特之处。

【原文】

儒有委之以货财，淹之以乐好，见利不亏其义。劫之以众，沮之以兵，见死不更其守。鸷虫攫搏，不程勇者；引重鼎，不程其力。往者不悔，来者不豫，过言不再，流言不极，不断其威，不习其谋。其特立有如此者。(《儒行》)

【说明】

社会上有些人做事，为达到目的，往往不择手段，或者用大量金钱来买通关节，或者投其所好，用许多玩乐的事来拖人下水。不论别人用什么手段，问题在于我们自己能否坚定意志，把持原则而已。儒者的修养特别重视义利之辨，头可断，血可流，而志不可屈，这就是儒者特有的风骨。

孟子曾经说过："富贵不能淫，贫贱不能移，威武不能屈，此之谓大丈夫。"(《滕文公下》) 尤其是那种以天下为己任，知其不可而为之的精神，在国家民族遭遇危难的时候，蕴积在人心深处的这种精神的发挥，也曾写下过不少血泪的历史。这些儒者德行的修养，应该都是今日民族精神教育最重要的课题。

儒者的典型（六）

儒者有的外表很温和，但内在的操守却很刚强，一般人很容易跟他亲近，然而却不可以非礼的方式来胁迫他；可以杀死他，但不可能侮辱他。他的住处并不要求如何奢华，他的饮食也不要求如何丰厚，他的过失可以委婉地加以说明，而最好不要当面去一一指斥他。他的物质生活很简单，但他的精神生活却非常严肃。儒者刚强坚毅的性格有像这样子的。

【原文】

儒有可亲而不可劫也，可近而不可迫也，可杀而不可辱也。其居处不淫，其饮食不溽，其过失可微辨而不可面数也。其刚毅有如此者。(《儒行》)

【说明】

宁可被杀，而不愿接受非礼的胁迫和羞辱，这是坚毅的表现；住的吃的都可以简单随便，精神生活上非常的严肃，这是刚强；但有了过失，最好不要当面一一指斥，却似乎为了要说明儒者的刚强，稍嫌形容得过火了一点儿。

儒者的典型（七）

儒者有的用忠信作为盔甲，用礼义作为盾牌，来保护自己。做任何事，一定都以仁爱为前提；遇事需要裁断时，一定都是以道义为主。即使在暴虐的政治之下，也绝不变更自己原有的立场和宗旨。儒者立身于社会，其自我的操守原则是这样子的。

【原文】

儒有忠信以为甲胄，礼义以为干橹，戴仁而行，抱义而处，

虽有暴政，不更其所。其自立有如此者。(《儒行》)

【说明】

忠是尽心尽力做事的方式，信是实实在在对人的态度，礼是规规矩矩的行为依据，义是是非善恶的判断标准。一个人如能处处把握住忠信的原则，尽心做事，诚实对人，事事合于礼义，举止平正，是非分明，以这种态度立身于社会，久而久之，人们自会由衷地钦佩他，尊敬他，再也不会有人敢欺侮他，所以这是最好的保护自己的方法。

仁，就是指忠信；义，也就是指礼义。因此上文说是盔甲，下文用“戴”字，上文用盾牌，下文用“抱”字。忠信作为盔甲，就是说以仁爱为前提，礼义作为盾牌，也就是说以礼义作为裁断的依据。能以仁义为立身处世之本，所以虽然遭遇暴政，也足以安身立命。

儒者的典型（八）

儒者有的住处只有一亩大小，房间只有一丈宽窄，竹片编的大门，边上有小小的圆拱小门，小门是用蓬草扎成的，墙上开一个洞，安上一只破坛的口就算是窗子。儒者总共只有一套体面的礼服，出门才穿，回来就得换下收好，两天才有一顿正餐。长官如果能赏识他，给予礼遇，他一定竭尽心力做事，不敢存有二心。长官如果不予信任，也不敢以讨好谄媚的方式来要求进用。儒者为朝廷做事，服务社会的态度是这样子的。

【原文】

儒有一亩之宫，环堵之室，筚门圭窬（yú），蓬户瓮牖；易衣而出，并日而食。上答之，不敢以疑；上不答，不敢以谄。其仕有如此者。(《儒行》)

【说明】

人在穷困不得志的时候，往往会想出很多花样来谋求开展。也许有人能用不正当的方法取得高名厚利，但他自己却不知道，他已折损了人格。人格是无价的，有了折损之后再也无法补救的。他的朋友如果了解了真相，固然会看不起他，他的家人，他的子女，如果也因此而不能谅解他，这些虚名浮利又有什么价值呢？一个儒者即使穷困到这种地步，无论长官信任不信任，他还是一本初衷来服务社会，日子虽穷而不苦，照样生活得心安理得。

儒者的典型（九）

儒者有的虽然是跟现在的人生活在一起，却经常考察古人的行为方式，作为自己做事的依准；保持中正之道行之于今日社会，经常想着要为后世留下楷模，言行方面极其谨慎严肃。如果没能遇到政治开明的时代，在上位者不赏赐他，不能予以援引提拔，下面的人不了解他，不能加以推举荐用，还有些喜欢造谣生事，借以讨好谄媚的人，连群结党地对他加以陷害，在这种情形之下，最多也只能伤害到他的身体，而绝对改变不了他原有的心志。

虽然在日常生活中受到些困扰，但他在行事作为上终究还是本着心意，照直去做，不受他们的影响。即使在最艰难的状况下，他还是念念不忘老百姓的困苦，想办法为他们做点事。儒者忧国思民的胸怀往往就是这样子的。

【原文】

儒有今世与居，古人与稽；今世行之，后世以为楷。适弗逢世，上弗援，下弗推，谗谄之民，有比党而危之者，身可危也，而志不可夺也。虽危起居，竟信其志，犹将不忘百姓之病也。其忧思有如此者。(《儒行》)

【说明】

有理想的人，他的目标是想改造现实，拯救大众，然而一般群众未必能了解他的苦心，一些安于现实的人又必然要加以排斥。还有一些人为保护自己既得的利益，不愿因有所改进而遭受损失，于是自然联合起来，对他施以压力，甚至加以迫害，也往往会由于众口铄金，而造成真伪莫辨，是非不明的结果。但一个真正的儒者，不但有高超的理想，还需要先天下之忧而忧，后天下之乐而乐的胸襟，即使是身体受到伤害，且至日常生活都遭受困扰，还是本着原有的心意，为国家社会和人民群众，尽量地多做一点，总是值得的。这种尽其在我的心胸，正是中国儒者的写照。

儒者的典型（十）

儒者有的广泛地求知，而能不休不止；切实地践行，而能不倦不怠。他不得志的时候严守本分，而能不作邪僻的行为；通达于上的时候实践理想，而能畅行无阻。他能真正了解，礼的本质虽然很严肃，而其最大的效用贵在平和；因此他对于能以忠信严谨修养自身者，固然给予由衷的赞美，而对于能以优游平和的方式处事者，也同样认为应该予以取法，对于少数有才德的贤者固然应该尽量推举，也应该有宽厚的胸怀来容纳广大的群众。虽然应该有自己方正的操守，然而他有时也要隐藏起棱角锋芒，与一般的群众相合。儒者在处世和待人方面的宽容厚裕，往往是这样子的。

【原文】

儒有博学而不穷，笃行而不倦，幽居而不淫，上通而不困。

礼之以和为贵；忠信之美，优游之法，举贤而容众，毁方而瓦合。其宽裕有如此者。(《儒行》)

【说明】

我国传统的家庭教育，一向都是要求孩子们心胸宽大，性情淳厚，对事要宽，对人要厚。这种观念的来源，应该就是承受诗教和礼教的影响。“诗三百，一言以蔽之，曰思无邪”(《论语·为政》)，就是教人万事都往好处想。能事事都往好处想，自会塑造出“温柔敦厚”(《礼记·经解》)的典型。礼的本质虽然要求约束限制，但所追求的最终目标却是人事的平和。在平和的目标下，所以要求“自卑而尊人”(《礼记·曲礼上》)，严以律己，宽以待人的精神。小而言之，宽厚而不刻薄，自然容易使人亲近，令人信赖；至少心境放宽之后，必然会减少很多精神情绪上的负担，不会在小地方和人计较，于是生活能过得很愉快。大而言之，胸怀坦荡，气度恢弘，能见其大而遗其小，这才是能做大事必须具备的条件。

儒者的典型（十一）

儒者有的在推举贤能时，只问是否人才，不会因为避嫌而不保举自己的亲人，也不会因为嫉恨而不推荐自己的仇人。一定是经过事功成绩的考察，知道他的才德足够水平，才尽量地保举给在上位者予以任用；只认为是为国家选拔能做事的人才，绝不因为推举了你，而希望你给他什么报答。至于由于儒者保举的人才能使诸侯达成治国安民的心意，只要真的对国家有利，儒者就已经满足了，绝不会因此邀功，以求富贵利禄的奖赏。儒者对贤能人才的推举保荐，往往就是这样子的。

【原文】

儒有内称不辟亲，外举不辟怨。程功积事，推贤而进达之，不望其报。君得其志，苟利国家，不求富贵。其举贤援能有如此者。(《儒行》)

【说明】

礼的作用，除了“定亲疏”之外，还要能“明是非”(《礼记·曲礼上》)。一方面是国家需要人才做事，一方面经过考察，确实是贤能的人才，就应毫不犹豫地向政府推举保荐。至于此人与我有亲或是有仇，那都并不重要，只要对国家有利就是了。像这样举贤援能，似乎还不太困难，至于绝无私心，不求报赏，公忠体国的精神，可真是难能可贵的了。

儒者的典型（十二）

儒者有的与志同道合的朋友之间，如果听到了一些有益于修养的话，一定会彼此相告；看到了一些有益于德行的事，也一定会互相转知。遇到有官爵禄位的好机会，一定会彼此让先；遇到有患难的情况，那又相互争着去承担。好朋友久在下位，自己虽然有机会升迁，而仍然愿意等着朋友一起往上升。如果自己在此地很顺利，朋友偏居于远方不得意，一定要设法予以招致，共同为理想而尽力。儒者对于志同道合的好友，设法推举任用往往是这样子的。

【原文】

儒有闻善以相告也，见善以相示也，爵位相先也，患难相死也，久相待也，远相致也。其任举有如此者。(《儒行》)

【说明】

理想相同，志趣相投的朋友之间，进德修业固然应该互相切磋砥砺，真有机会共同携起手来，轰轰烈烈做一番事业，也是一大乐事。

儒者的典型（十三）

儒者有持身高洁，沐浴于道德的光辉，从来不涉及污邪的事儿。事奉长官，只是陈述意见，以备采纳，而不求显扬自己。以委婉含蓄的方式来匡正长官的过失，使他在无形之中潜移默化，归于正道，而长官却连自己都不知道。如果有积极性的建议，有时可用隐微启发的方式来加以诱导，而又不是那么急着要求做到。不会故意在地位低的群众面前，显示自己的尊贵，也不会故意夸张自己的功绩，把少的说成多的。社会安定时，有才有德者必有其位，和当代的群贤站在一起，更能自重自爱，不会轻贬自己。

社会混乱不安时，道德低落，也并不因此而沮丧消沉，应该砥砺节操，坚守岗位。如果有谁的意见和自己相同，也不必特地去赞美他。如果有谁的意见和自己不同，更没有必要因此而批评他。儒者那种与众不同，立身行事独特的方式，往往就是这样子的。

【原文】

儒有澡身而浴德，陈言而伏，静而正之，上弗知也。粗而翘之，又不急为也。不临深而为高，不加少而为多。世治不轻，世乱不沮。同弗与，异弗非。其特立独行有如此者。(《儒行》)

【说明】

这里所说儒者立身行事独特的地方，并不是说儒者故意在行为上表示如何特别的与众不同，而是由于儒者能懂得自重自爱，于是在做人做事的态度上，和那些不知自重、不知自爱的人显然有所不同。譬如儒者不强调自我，不急于表现，不愿抬高身份，但也不轻贬自己，不轻易赞美或批评别人，这些地方不仅是划分了儒者与世俗的界限，也给后世树立了君子的典型。

儒者的典型（十四）

儒者有的上不愿事事听命于天子，下不愿侍候诸侯，自律非常谨慎严肃，然而待人却极其宽厚。自己的操守坚强而有毅力，然而对人却非常随和。他广泛地求知，然而却知道所学必须致用，熟习诗、书、六艺，文采华润，然而却知道更应该砥砺气节操守等内涵的实质。就算有机会分封一个国家给他，他也看得不值几文，所以他不随便去做天子的臣下，更不愿趋炎附势，侍候国君。儒者对于自己行为的规划，往往是这样子的。

【原文】

儒有上不臣天子，下不事诸侯。慎静而尚宽，强毅以与人，

博学以知服，近文章，砥厉廉隅。虽分国，如锱铢，不臣不仕。其规为有如此者。(《儒行》)

【说明】

儒者不求名利，视富贵如浮云，所以不愿意为官爵禄位去侍候天子诸侯，然而却不是玩世不恭，什么都不在乎的态度。他们是以修养品德为基础，服务大众为目标，所以严以律己而宽以待人，操守强毅而对人随和。但是事关名利，他就必须要考虑当为不当为的原则了。因此唯恐博学而流于泛滥，就必须注意到学以致用；唯恐浮华不实，就必须更加砥砺节操。这就是儒者能在出处语默之间所把握的分寸了。

儒者的典型（十五）

儒者有的对于朋友的交往，必须是志趣相合，目标相同，从事于品格的修养，所走的路径也相同。彼此地位相等时，为志同道合而感到快乐；如果尊卑有差距的话，也不会看不起他，好久未尝见面，但彼此了解很深，偶尔听到一些不利于朋友的谣言，也不会相信的。他们的行为举止，必须以方正的原则为依据，必须以道义的立场为宗旨。志同道合，才进而和他交往；道不同，则退而不相往来。儒者对于朋友的交往，往往是这样子的。

【原文】

儒有合志同方，营道同术；并立则乐，相下不厌；久不相见，闻流言不信。其行，本方立义。同而进，不同而退。其交友有如此者。(《儒行》)

【说明】

朋友的相交，贵在互相了解。了解彼此志同道合，了解彼此都是以道义为宗旨，当然也就能了解流言之不可信了。

儒者的典型（十六）

儒者所具备的美德还有很多，譬如说温和善良的本性，那是由于他已经具备了“仁”的本质；诚敬谨慎的心意，那是由于他已经具备了“仁”的基础；宽大裕厚的心胸，那是由于“仁”的内在作用；谦逊退让的气度，那是由于“仁”的外在作用；威仪举止，合乎节度，那是“仁”的修养表现；言之有物，谈论中肯，那是“仁”的文章风采；内心平静安乐，发而为歌咏吟唱，那是“仁”的修养已达到平和境地的效应；德行不断地累积储蓄，同时也能发散出去，照耀别人，那是“仁”的修养已达到相当水平后，自然会有普遍施与的现象。这些美德，儒者其实都已经兼而有之，然而他们尚且还是不敢说自己所做的一定都能合乎“仁”。儒者的恭谨谦让，往往就是这样子的。

【原文】

温良者，仁之本也；敬慎者，仁之地也；宽裕者，仁之作也；孙接者，仁之能也；礼节者，仁之貌也；言谈者，仁之文也；歌乐者，仁之和也；分散者，仁之施也，儒者兼而有之，犹且不敢言仁也。其尊让有如此者。(《儒行》)

【说明】

“仁”在儒家的理论中，往往被看作是一切美德的总名，也是生而具有纯然至善的本性。但是由于后天环境的污染，它逐渐失去原有的光辉。因此儒家着重于如何恢复其光辉的修养。修养的全程谓之道，道的终极目标就是仁，在前进的过程中，每有所得就谓之德，德的不断累积就等于仁，因此温良、敬慎等都是仁的一面。儒者之所以超乎普通人之上者，就在于具有这些仁德的修养。恭谨谦让也是修养的一部分，所以儒者虽然已经具备了各种的仁德，但还是不敢自以为满。

儒者的典型（十七）

“儒者有的虽然处于贫贱之中，然而却不会因此而颓废堕落，虽然处于富贵之中，也不会因此而骄奢自满，败坏节操。不会由于君王所给予的困辱而背弃正道，不会由于长官所给予的牵制而懊丧失志，不会由于群吏的刁难而失常。这种人才能称之为儒者。现在一般人对于儒者的认识都不太正确，把根本不是儒者的人也胡乱地称之为儒者，所以常有人对那些号称为儒者的人，加以指责批评。”

这是孔子回到鲁国的住所，鲁哀公招待他的时候的一段谈话。听了孔子的这一番话，鲁哀公从此说话更加要求实在，行为更加要求合理，而且说：

“我这一辈子，再也不敢拿儒者来开玩笑了。”

【原文】

“儒有不陨获于贫贱，不充诎于富贵，不慁（hùn）君王，不累长上，不闵有司，故曰儒。今众人之命儒也妄，常以儒相诟病。”孔子至舍，哀公馆之，闻此言也，言加信，行加义。“终没吾世，不敢以儒为戏。”（《儒行》）

【说明】

郑玄的《三礼目录》，对“儒”字有三种解释：第一是优容宽大，不论在任何环境都能适应。第二是柔顺平和，人人都愿意和他亲近，从而可以达到以德服人的目的。第三是浸濡滋润，自身浸濡沐浴于道德的修养，进而散发道德的泽惠，滋润大众人心，这样的人才是真正的儒者。

有高尚的理想，有深厚的道德，无论是贫贱或富贵环境的差异，对他的理想和操守都不会有任何影响，这就是优容宽大的表现。对君王的困辱、长官的牵制、群吏的刁难，都能以优容宽大的态度和他们相处，而渐渐达到以德服人的目的，这就是柔顺平和的表现。最后终于能使周围的人接受熏陶，因感化而归于正道，这就是浸濡滋润的表现了。所以只有这样的人，才有资格被称之为儒者。儒者之所以能受人尊重，是在这些内在修养条件的具备，而不是在外表服装上要求与众不同。鲁哀公问孔子所穿的是不是儒者所特别制作的衣服，孔子当然不大高兴，于是才给鲁哀公上了这么一课。

进德修业的《大学》三纲八目

所谓博大精深之学里面所讲的道理，是着重在个人如何恢复其天赋本有光明的德性，进而扩散其德性的光辉照耀广大的群众，使人人承受感应而自我革新，务求达到最高理想的至善境界为止。

能够知道努力追求的目标是在止于至善，然后内心才有了既定的方向；内心确实有了方向，然后心意才能宁静而不会妄动；心意果真能宁静而不妄动，然后才能安然适应于任何处境；能真正安然适应于任何处境，然后才能事事都考虑得周详细密；能确实做到事事考虑周详细密，然后在德业的修养方面才能有真正的收获。任何一件东西都有根本和末梢，任何一桩事情也都有开始和终结的；如果我们在层次上，能知道哪些应该在先，哪些应该在后，那就已经接近于进德修业的道理了。

古人要想使天下人都能恢复其原有光明的德性，必须要先从治理自己的国家做起；要想治理自己的国家，必须要先从整齐自己的家庭做起；要想整齐自己的家庭，必须要先从修养自己本身做起；要想修养自己本身，必须要先从端正平衡自己的心理状态做起；要想端正平衡自己的心理状态，必须要先从认真切实把握意念的活动做起；要想切实把握自己的意念活动，必须要先从获致是非善恶的体会做起；获致是非善恶的体会，就在于细密而深入地探究天下事物之理。反过来说，天下事物之理既能作深入探究，然后才能要求对是非善恶的体会无处不到；是非善恶的体认既能无处不到，然后才能要求意念的活动切实把握得住；意念活动既能切实把握了，然后才能要求心理状态的端正平衡；心理状态既能端正平衡了，然后才能要求自己本身的修养；自己本身既能修养好了，然后才能要求家庭的整齐；家庭既能做到整齐了，然后才能要求国家的治理；国家既能治理好了，然后才能要求天下的太平。

上自天子，下至平民，所有的人都应该以修养自身作为根本。如果自己本身都没有能修养好，就想能使天下太平，这是绝不可能的事。对应该列为首要的修身工作不予重视，而对次要的治国平天下却看得很重，这是从未有过的事。能重视修身，这就是能知根本。

【原文】

大学之道，在明明德，在亲民，在止于至善。知止而后有定，定而后能静，静而后能安，安而后能虑，虑而后能得。物有本末，事有终始，知所先后，则近道矣。古之欲明明德于天下者，先治其国；欲治其国者，先齐其家；欲齐其家者，先修其身；欲修其身者，先正其心；欲正其心者，先诚其意；欲诚其意者，先致其知；致知在格物。物格而后知至，知至而后意诚，意诚而后心正，心正而后身修，身修而后家齐，家齐而后国治，国治而后天下平。自天子以至于庶人，壹是皆以修身为本。其本乱而末治者，否矣。其所厚者薄，而其所薄者厚，未之有也。此谓知本。(《大学》)

【说明】

郑玄说这是博大之学，可以为政（《三礼目录》)，是从事政治的博大学问。不过这里既然明说“以修身为本”，所以宋儒往往重视其对个人修养的指导价值，也是对的。

“明明德”、“亲民”、“止于至善”，朱熹谓之《大学》的三个纲领；格物、致知、诚意、正心、修身、齐家、治国、平天下，朱熹谓之八个条目。明明德是修身的最终目标，止于至善是平天下的最终目标，所以明德修身是大学之道对所有人的基本要求。个人身修之后，才能做到家齐、国治、天下平，因此这些都是修身的外延。而修身的内涵过程，那就是格物、致知、诚意、正心了。格物虽然是修身最基本的功夫，但格物本身还需要具备五个层次的先决条件，那就是定、静、安、虑、得。

因此个人的修养功夫，应该先从确定自己努力追求的至善目标做起，有了既定的方向，心意才能宁静下来，才能适应任何处境，才能考虑周密，然后在深入探究事物之理的时候，才能有正确的心得收获。天下事理的观察分析能有正确的心得，才能获致是非善恶的体认和辨别，才能在自己意念浮动的时候，切实把握住善念而排除恶念，才能端正平衡自己的心态，无论是喜、怒、哀、乐的情绪反应，都能合乎节度，待人处世，都能保持正常，这才达到了修身的要求。能对任何事理，明辨其是非善恶，而又能存善去恶，久而久之，自然能体会到这些经由理性辨析所得的善恶，原来都是我心所本有，不过过去被后天环境的污染所蒙蔽，而日渐失去其灵明光辉。经过这样条理层次的体认和印证之后，使原有光明的德性慢慢地恢复光明，最后达于修身的目标。

这是一层境界，此后就可以发挥其光与热，去照亮和温暖别人。首先接触到的是自己的家人，往外扩张以至于国人，使他们都因承受这种德性的感应，而人人自我革新，于是就到达了第二层的境界。再进而至于天下人都能洗净污染，还我本来纯然至善的本性，没有是非争执，没有邪恶暴乱，那就是天下太平的最高境界了。天下太平是高而远的理想，但起步还是在个人，所以其重点还是在于如何修身。

什么是“诚其意”

所谓“诚其意”，认真切实把握住每一意念的活动，这句话真正的含义，是在不欺骗自己。怎样才能做到不欺骗自己呢？对于不善的念头，要能做到像是讨厌奇臭无比的东西似的，予以切实的排除；对于好的念头，要能做到就像喜爱美好艳丽的色彩似的，予以认真的把握。能这样做，就可以称之为自我的充实与满足了；因为在自我之内再也没有丝毫虚妄的成分。

君子在他独自一个人的时候，一定格外小心谨慎地把握住意念的浮动。你看那些小人，闲居无聊，常做坏事，什么坏事都能做；可是当他看到君子之后，就会躲躲藏藏的，掩饰自己所做的坏事，而尽量显露自己的好处。其实当别人在看自己的时候，就像能透视到肺肝一样的清楚，这样的掩饰，又有什么用呢？

这就是说，你所认真切实把握于内心的，一定会自然地表露于外表，根本掩饰不了。所以君子在他独自一个人，好像是一切意念活动最不可能为人所知的时候，却是格外的小心谨慎。曾子曾经说过：“想象着有十只眼睛在注视着你，有十只手在直指着你，这样的监视可够严了吧！”有财富的人，自然会用金钱来装饰自己的房屋；有品德的人，也自然会用道德来润泽自身。内心充实宽广，身体自然安泰舒适，所以君子一定会认真切实地把握内心的意念活动，务求真实无妄。

【原文】

所谓诚其意者，毋自欺也。如恶恶臭，如好好色，此之谓自慊（qiè）。故君子必慎其独也。小人闲居为不善，无所不至；见君子而后厌然，掩其不善而著其善。人之视己，如见其肺肝然，则何益矣？此谓诚于中，形于外。故君子必慎其独也。曾子曰：“十目所视，十手所指，其严乎？”富润屋，德润身，心广体胖（pán）。故君子必诚其意。（《大学》）

【说明】

诚意，是修身的重点之一。意念的活动，如果是大善大恶，一般人都能分辨得出来，而且也能决定取舍。但大善大恶的意念毕竟很少，而绝大多数都是琐细的事所引发的意念活动。既然是小事情，往往也就不大注意这个念头究竟是善是恶了。即使有了善恶的判断，也还是认为小事一件，没有多大关系，也就不予理会了。这种自我宽恕的态度，实际上就是自我欺骗蒙蔽。等到意念的滋长形成了观念，而直接影响到行为，由多次的行为变成习惯时，再想改正就很困难了。

所以诚意的修养，就是要我们在内心意念刚开始浮动的时候，经过善恶利害的判断之后，无论这念头关系的是大事小事，一律用高倍显微镜放大来看。如果是恶念，就把它看作是恶臭，予以切实排除；如果是善念，就把它看作是好色，要认真地予以维护。久而久之，心中所起的任何念头都是纯净善良的，修身的境界自然会更上一层了。

意念本来就是自己内心的活动，不过在别人的面前，善恶是非的判断与抉择比较容易，就是无所不为的小人，也知道在君子面前掩饰自己的不善。如果只有自己一个人独处，任何人都看不到、听不见的地方，内心所浮动的意念，真正只有自己知道，这时候对别人的警戒感完全撤除，很容易自以为无人知道而松懈了防范，偶然泛起一些念头，也许起初无所谓善恶，然而却可能有不善的倾向。如果由于自我宽解而没有彻底排除的话，很可能就此生根发展而不自知。所以越是人所不容易注意到的地方，越是应该想象着如在十目所视，十手所指之下，那样地提高警觉，这就是所谓的“慎独存诚”的修养。

“中”与“和”

得自自然的禀赋，足以构成为人的理性因素，我们称之为人的本“性”；完全符合本性的思想行为方式，我们称之为“道”；引导人们经过修养的要求，而渐渐趋向于道的教化方法，我们称之为“教”。“道”既然是根源于人的本性，当然和人是片刻也不能分开的；如果能分得开，那就不是真正的道了。修德的君子不敢离开这个道，所以越是在人所看不到、听不见的地方，越是警戒谨慎，惶恐畏惧。因为他们了解，没有比自以为隐蔽的地方更加明显，没有比自以为细微的地方更为彰显，所以君子在一个人独处的时候，格外的小心谨慎。

人受外在事物的感应，自然有喜、怒、哀、乐等情绪的表现；在这些情绪还没有发动以前，我们称之为冷静平衡的“中”；这些情绪有感而发，表现于外都能合乎理性的节制，我们就称之为端正平和的“和”。这种冷静平衡状态的“中”，包含着天下事物自然理性最大的本体；而端正平和状态的“和”，则是代表着天下事物所共有的最高理想的生活形态。因此如果真正能够做到完全以“中”为本体，逐渐努力而达于最高理想“和”的形态，那可真是了不得，天地的运行，自然的循环，能都获得正常的安排，万事万物都能得到正常的发展与繁育。

【原文】

天命之谓性，率性之谓道，修道之谓教。道也者，不可须臾离也；可离，非道也。是故君子戒慎乎其所不睹，恐惧乎其所不闻。莫见乎隐，莫显乎微，故君子慎其独也。喜、怒、哀、乐之

未发，谓之中；发而皆中节，谓之和。中也者，天下之大本也；和也者，天下之达道也。致中和，天地位焉，万物育焉。(《中庸》)

【说明】

“中”就是冷静平衡的状态，不偏激，不冲动，没有私心，没有邪念。“庸”是运用的意思，中庸，是说这种冷静平衡状态的运用。在处理某一件事情时，要保持冷静平衡的心理状态，大概人人都可以做得到；但是要每件事都如此，时时刻刻都如此，那只有圣人才能做到。对平常人而言，就需要讲求和修持了。

圣人能时时刻刻保持冷静平衡的心理状态，所以才能表现完全符合人性的思想行为，也就是符合“道”。普通人比不上圣人，于是就以种种不同的方法来加以引导，使人们趋向于道，这些修养的方法就谓之教化。然而圣人毕竟是极为难得，大多数还是普通人，而且圣人的道符合本性，本来就不需要多加说明，所以应该强调及详细讲解的当然是对一般人的教化。因此在《中庸》全篇中，除了由于必要给予对比，才稍微说明圣人的道以外，大部分都是着重在人为修养的讲解上。

“诚”的修养

自动地切实认真把握住人之本性来做人做事的态度谓之“诚”，这种完全顺乎自然本性的行为方式，谓之“天之道”；以人性为标榜，被动地学习如何地做人做事，以求能把握住它的态度，谓之“诚之”，这种完全基于人为的学习修养的行为方式，谓之“人之道”。

能自动地把握人性来做人做事者，不需要经过勉强学习的过程，自然而然合规中矩，不需要经过思考探索，其中道理，自然得之于心，从容不迫地符合于理想的道，这就是圣人的表现。能被动地学习如何把握人性来做人做事者，那就必须懂得如何学习判别选择属于善良的一面，而且还要能牢牢地把握住由学习所得到的一切，这就是一般人的修养方式了。

因此我们必须要广泛地学习，有疑难的地方还要详尽地问清楚，了解之后还要细心地思考，思考之余还要明白地分析辨别，有所选择之后更要能切实地做到。这就是如何学习的历程。

如果不去学那就算了，既然学习了而没有学会，不可以放下来。如果不去问那就算了，既然问了而还是不了解，不可以放下来。如果不去思考那就算了，既然经过思考而还是没有心得，不可以放下来。如果不去辨析那就算了，既然经过辨析而还是不明白，不可以放下来。如果不去做那就算了，既然已经去做了，做得不够切实，也不可以就这么放下来。

别人一遍就能学会的，我学一百遍；别人十遍才学会的，我学一千遍。果真能用这种办法去学习的话，就算是一个很愚笨的人，最后一定会变得聪明多了，虽然是一个软弱的人，也一定会变得刚强起来的。

由认真切实把握住自我内在的纯真，从而明白什么是善是恶，这就叫作本性的体认。经由别人的指点，知道了哪些是善，哪些是恶，从而能好学力行，认真把握住善，切实排除了恶，这就叫作教化的作用。能够认真切实把握住自我内在的纯真的人，一定会明辨善恶，了解什么是道德的主体；能够接受指点，懂得善恶之分，了解了道德之可贵，一定能好学力行、认真切实地把握住道德的主体。其结果是一样的。

【原文】

诚者，天之道也；诚之者，人之道也。诚者，不勉而中，不思而得，从容中道，圣人也；诚之者，择善而固执之者也。博学之，审问之，慎思之，明辨之，笃行之。有弗学，学之弗能，弗措也。有弗问，问之弗知，弗措也。有弗思，思之弗得，弗措也。有弗辨，辨之弗明，弗措也。有弗行，行之弗笃，弗措也。人一能之，己百之；人十能之，己千之。果能此道矣，虽愚必明，虽柔必强。

自诚明，谓之性；自明诚，谓之教。诚则明矣；明则诚矣。（《中庸》）

【说明】

所谓天道、人道，一种是顺乎自然本性的表现，一种是人为的修养方式。天道是出乎自动地由内在的纯然本性往外发出，所以不需要经过勉强、思考，自然地合规中矩，当然这只有圣人才能做到。人道则是被动地由外在的学习所知，渐渐地开启内在的灵性，点滴地累积积蓄，而终归于至善。

无论是由内在本性的自我体认而把握住道德的主体，或者是由外在经验的指导、事理的印证，经过好学力行，从而把握住道德的主体，圣人和普通人修养的方式虽有不同，而结果却是一样的。因此对一般人就必须讲究学习的方法，博学、审问、慎思、明辨、笃行，是一贯的正常学习方法；别人学一遍，我学一百遍，这是加强的学习方法，除了讲求修养的方法之外，更明示必须要习之有恒，才有效果。

好学、力行、知耻

天下彼此共通的关系有五条，而彼此共通的德性则有三项。那就是说：君臣、父子、夫妇、兄弟、朋友之间的交往，这五者就是天下人彼此互通的关系；智、仁、勇，这三项就是天下人彼此共通的德性；而用以沟通的条件，就是一个诚字。

有的人好像一生下来就知道似的，有的人要经过学习而后才知道，有的人却是要下过苦功然后才知道。不过无论如何，等到知道的时候，那倒都是一样的。有的人很自然地就能做到，有的人要经过诱导然后才能做到，有的人则要费很大力气才能做到。不过无论如何，等到做成功的时候，也都是一样的。

一个人如果能努力求学，日积月累之下，自会渐渐接近于智者；能依照教导，认真去行善，久而久之，自会渐渐接近于仁者；能知道不如别人是羞耻，而确实加以改正，时间久了，自会渐渐地接近于勇者。对于这三点有所了解者，应该可以知道如何去修养自身了。能知道如何修养自身，那就进而可以知道如何去治理别人了；能知道如何治理别人，那就进而也可以知道如何去治理天下国家了。

【原文】

天下之达道五，所以行之者三。曰：君臣也，父子也，夫妇也，昆弟也，朋友之交也，五者天下之达道也。知、仁、勇三者，天下之达德也，所以行之者一也。或生而知之，或学而知之，或困而知之，及其知之，一也。或安而行之，或利而行之，或勉强而行之，及其成功，一也。好学近乎知，力行近乎仁，知耻近乎勇。知斯三者，则知所以修身。知所以修身，则知所以治人。知所以治人，则知所以治天下国家矣。(《中庸》)

【说明】

人的才智原有高下，贤愚不等，所谓“生而知之”、“安而行之”，那是圣人，一般人没有办法企及。其次就是“学而知之”和“利而行之”，这是大多数的人们。至于“困而知之”和“勉强而行之”，那是指才智比较低的人。但是无论是哪一等的人，只要他能守住一个“诚”的原则，把握住认真切实的态度，圣人顺着纯善的本性去认知，去实行，一般人依顺着教育的方式，或是经过学习，经过诱导，或是下过苦功，费过很大力气，结果都能归本于至善，还是一样的。所谓“好学”、“力行”，就是指一般人的“诚”，而“知耻”则是指才智较低者的“诚”。《中庸》全篇所论，实际上就是以诚为重心，说到诚的地方也特别多。

音乐的内涵与功用（一）

一切音的起源，可说是都是由于人心有所感发而产生的。人的心原本是寂然不动的；其之所以动，则是由于外界的刺激反应才使之如此的。人心受到感应而心意浮动，自然就会形之于单纯的声。随后又发现声与声不但彼此有所不同，而且还往往可以互相应和，于是就产生了清浊高低等种种声的变化。由声的变化再加以组织美化，就谓之悦耳的音了。进而排比编次各种不同而悦耳的音，组成了曲调，加上斧盾、羽毛、牛尾等舞蹈用的道具，于是就谓之完整的乐曲了。

乐曲虽然是由许多音的组合而产生的，但推溯其本源，还是起于人心有所感于外界的激发。所以当痛苦的情境有感于心的时候，声音的表现一定是急遽而短促的；当欢乐的情境有感于心的时候，声音的表现一定是宽舒而缓慢的；当喜悦的情境有感于心的时候，声音的表现一定是轻快而流畅的；如果是令人愤怒的情境有感于心的时候，声音的表现一定是粗犷而尖厉的；如果是令人肃然起敬的情境有感于心的时候，声音的表现一定是刚直而有棱角的；如果是令人爱慕的情境有感于心的时候，声音的表现一定是温和而柔婉的。以上这六种情感的表现，并不是人性所本有的，可以说都是有感于外物的影响而产生的。

因此古代先王对于那些足以感人的事物，都要特别地予以小心谨慎地处理。所以必须用礼的规范来启导人的心意，使思想观念不致发生偏差；用音乐的平正来调和人的声音，使性情不致流于暴戾；用政治的一统来规划人的生活形态，使行为意识不致流于乖张失误；用刑罚的制裁来防止人的作奸犯科，使举止行动不致流于邪僻不正。因此礼、乐、刑、政，其方法形式虽有不同，但其终极目标则是一致的，都是在于使民心的归向相同，使理想的政治形态得以显现其效果。

【原文】

凡音之起，由人心生也。人心之动，物使之然也。感于物而动，故形于声。声相应，故生变；变成方，谓之音。比音而乐之，及干戚羽旄，谓之乐。乐者，音之所由生也，其本在人心之感于物心。是故其哀心感者，其声噍（jiāo）以杀；其乐心感者，其声啴（chǎn）以缓；其喜心感者，其声发以散；其怒心感者，其声粗以厉；其敬心感者，其声直以廉；其爱心感者，其声和以柔。六者非性也，感于物而后动。是故先王慎所以感之者。故礼以道其志，乐以和其声，政以一其行，刑以防其奸。礼、乐、刑、政，其极一也，所以同民心而出治道也。(《乐记》)

【说明】

儒家的理论认为人心是静止不动的，是纯然至善的本体，像一面晶莹的镜子，像一池平静的清水，由于外面事物投入，镜子里才有形象的反映，池水才有涟漪的波动，人的心里才会有意念的起伏。意念的反应，有喜、有怒、有哀、有乐、有敬、有爱，这些反应都谓之情。情的表现，最直接的莫过于声音。大喊大叫也是声音，经过调和美化含有韵律的也是声音。但是喊叫未必能表达情态，有韵律的声音才能使人回味无穷，所以音乐和人生具有极其密切的关联。古代的圣贤注意到这点，知道音乐不仅能疏导情感，使人获得情绪上的快乐和感官的满足，而且可以陶冶情性，培养情操，引导人性使归于平正善良，于是而有音乐教化的措施和礼刑政治配合在一起，共同负起教育人民，治理社会的责任。

可惜当年的《乐经》没有流传下来，所以经过孔子订定的六经，如今只剩下五经了。幸好《礼记》里还保存了一篇《乐记》，这是专门谈到中国古代音乐理论和音乐教化的一篇文字。从这开头的第一段里，已经可以看得出一些对音乐的基本理论，以及礼乐刑政配合施教的宗旨了。

音乐的内涵与功用（二）

凡是人都有血气，也都有心智，这些都是生而具有的本性。有血气所以容易冲动，有心智所以容易受到感应。然而在承受了外物的影响，激发感应之后所产生的喜怒哀乐各种情感的表现，却往往缺乏主动而常态的节制的本能。当人心接受了外物的感应而产生某种意念的浮动之后，往往就会顺着感应作用，逐渐形成具体的心意活动的倾向。

如果意象非常琐细而狭窄，节奏局促而又短又急的音乐流行时，一般人民当然会承受其影响，而逐渐趋向于悲思忧愁、烦躁不安。如果是意象宽宏广大，音调缓慢而平易，气质高华，而节奏单纯的音乐流行时，人民自然会呈现出安康和乐的情态。如果是粗犷燥厉，刚猛张扬，能使人振动身体，亢奋血脉的音乐流行时，人们自会有刚勇坚毅的反应。如果是坦直平正，沉稳凝重的音乐流行时，人们一定会趋向于庄肃恭敬。如果是宽裕安详，丰厚润泽，自然顺序成章，和畅流动的音乐流行时，人们一定会洋溢着孝慈爱顾的风气。如果是心意放纵、邪僻散漫，节奏轻佻而浮滥的音乐流行时，人们也必然会呈现出淫乱的反应。

所以古代先王必须依据人的情性以制作乐曲，并且以天地、阴阳、音律的变化度数作为稽考人情的标准，以衡量评断是非的礼义作为制裁人情的典范。同时又协合阴阳生杀的调和，顺导五行不同性质的变化；使活泼生动的阳气不至于过分外放流散，使幽娴沉静的阴气不至于过分内向闭塞；使秉性刚强者不会任性冲动，使秉性柔弱者也不会遇事退缩。

阴阳刚柔四者和畅交流于内心，产生至中至和的效用。而后再借各种乐器的演奏，把中正平和的声音以最适当的方式表现出来。影响所及，使人人都能正确地体认自我本然的性情所有，各安本分，而不会再有彼此侵夺纷争的事情发生。然后推广乐教，以求化民成俗，于是设置学习的等级，使人各依年龄的大小，才智的高低，分别努力学习。按照既定的等级，逐渐增进其节奏的深度和广度，让他们在歌咏舞蹈间体察其外在的情致文采，让他们品味、吸收乐曲中蕴涵仁厚道德的高超情思。

比较各种乐器和十二音律的清浊大小是否相合，排比五声的高低洪细终始的顺序，让他们了解以五声十二律象征人事行为的道理。于是进而至于亲疏贵贱、长幼男女的道理，都可以清晰地表现于乐曲之中了。所以曾有人说过：“由音乐的观赏，对人生可以获得深切的体认！”

【原文】

夫民有血气、心知之性，而无喜怒哀乐之常，应感起物而动，然后心术形焉。是故志微噍杀之音作，而民思忧。啴谐慢易，繁文简节之音作，而民康乐。粗厉猛起，奋末广贲之音作，而民刚毅。廉直劲正庄诚之音作，而民肃敬。宽裕肉好，顺成和动之音作，而民慈爱。流僻邪散，狄成涤滥之音作，而民淫乱。是故先王本之情性，稽之度数，制之礼义，合生气之和，道五常之行；使之阳而不散，阴而不密，刚气不怒，柔气不慑。四畅交于中，而发作于外，皆安其位，而不相夺也。然后立之学等，广其节奏，省其文采，以绳德厚，律小大之称，比终始之序，以象事行。使亲疏贵贱，长幼男女之理，皆形见于乐。故曰：“乐，观其深矣！”(《乐记》)

【说明】

人的本性纯洁善良，容易接受外物的感应，进而形成意念活动自然的一种倾向。而音乐的感应尤其能至于内心深处，如果能善加导引，移风易俗必然是非常容易；如果没有好好处理，则后果不堪想象，所以才有乐教的实施。全盘乐教实施的轮廓，今天是看不到了，但这段文字却也已大略地说明了乐教的内容和方法，尤其是强调其预期的效果，在于培养高超的情思，体察人事行为的道理等，的确是非常的可贵。

这里提到各种类型的音乐，对人们可能造成什么样的影响，这些理论的说明，对今日社会上某些只知因应听众感应享受的需要，而粗制滥造，甚至把别国的乐曲改头换面地剽窃过来的乐曲作家，应该具有提示音乐价值和创作水平的参考意义。

礼乐的精神价值

有德的君子曾经说过："礼乐和我们的关系实在是太重要了，绝不可以有片刻时间的隔离。"当我们尽心致意于音乐以修养自己的心性时，那些和易、正直、慈爱、诚信的意念，会非常充沛地滋生于心底。当这些和易、正直、慈爱、诚信的意念滋生之后，会使我们感到快乐而舒畅。当我们内心感到快乐舒畅时，自然会觉得无论处在任何地方，都能安适而不烦躁。能安适于任何环境，那么一定可以长此以往而不改变。能长此以往，那一定能够自然地合乎天性本质而没有矫揉造作。能合乎天性本质，那一定可以做到心意与神理互相感通，不勉而中，自然合乎轨迹。能每件事都符合天性而无矫揉造作时，不需要多作任何说明，而自能获得人人的尊敬和信赖；能每件事都做到使心意和神理互相感通，自然合规中矩，也不需要多作任何神色上的表示，自能获得人人的敬畏和威服。

尽心致力于音乐，其功用在于修养心性；尽心致力于礼仪，其功用在于检点约束自身的行为。能检点约束自身的行为，则日常生活一定能庄重敬慎。日常能庄敬，那么在待人接物之间，一定会具有令人崇敬的威仪。

如果在我们内心有一刹那间的不和畅、不快乐，于是那些贪邪诡诈的意念就会乘虚而入了；如果我们的外貌有一刹那间的不庄重、不谨慎，于是那些怠慢疏忽的意念就会乘虚而入了。所以音乐是使人内在的情性上，借此发生感应作用的；礼仪是使人外在的行为上，借此发生限制作用的。音乐的最高境界，是情性意念的和悦；礼的最高境界，是事理行为的顺畅。

如果一个人真的能到达内心和悦而外形顺畅的境界，一般人们只要见到他的颜色，就不会和他争论是非；望见他的容貌，人们自然不会有怠慢轻忽的心理。那是因为纯然至善的德性光辉，发自内心而散扬于外，足以作为道德的典范，人们自然没有不恭敬地听从于他；因为纯正的理性表现于外事的裁断，足以作为行为的标准，人们自然没有不恭敬地顺服于他。所以以前有人说过：

“如果能真正懂得礼乐之道，善加运用，实行于天下，以后就不再有任何难以处理的事了。”

既然音乐可以使人内在情性上产生感应作用，礼可以使人外在行为上发生限制作用；然而人们大多不喜欢太多的行为限制，所以礼的精神是以谦敬减退为主。人们大多喜欢情性上的感应，所以音乐的精神是以喜悦满足为主。不过礼虽然要求不得已的谦卑退让，然而在最低限度以内的礼，却更必须要求勉强认真去做到它，而且应该以能够勉强做到合礼为至善至美。音乐虽然要求充分的喜悦满足，然而在最高的极限以内，却更必须要求做到自我的抑制，而且应该以能够做到自我抑制为至善至美。

如果在礼仪方面只知一味地谦退，而不能勉强做到合礼，结果一定会由于逐渐减少以至于完全消失。如果在音乐方面只知一味地追求喜悦满足，而不能自我抑制，结果也一定会由于不断地追求，以至于过分放荡而不可收拾。所以礼有往有来，有施有报；音乐有主题的重现，章节的回返。礼在施与之后而能获得回报，于是能得到充实快乐的满足。乐曲的流衍而有章节的回返，主题因不断重现而显著，于是能得到安宁和泰的满足。礼因为能勉强认真去做然后才有回报，乐因为节制泛滥然后才有回返。二者形态上好像不同，但在治心修身上来说，道理是一样的。

【原文】

君子曰："礼乐不可斯须去身。"致乐以治心，则易直子谅之心油然生矣。易直子谅之心生则乐，乐则安，安则久，久则天，天则神。天则不言而信，神则不怒而威，致乐以致心者也。致礼以治躬则庄敬，庄敬则严威。心中斯须不和不乐，而鄙诈之心入之矣。外貌斯须不庄不敬，而易慢之心入之矣。故乐也者，动于内者也；礼也者，动于外者也。乐极和，礼极顺；内和而外顺，则民瞻其颜色而弗与争也，望其容貌而民不生易慢焉。故德辉动于内，而民莫不承听，理发诸外，而民莫不承顺。故曰："致礼乐之道，举而错之天下无难矣。"乐也者，动于内者也；礼也者，动于外者也。故礼主其减，乐主其盈。礼减而进，以进为文；乐盈而反，以反为文。礼减而不进则销，乐盈而不反则放；故礼有报，而乐有反。礼得其报则乐，乐得其反则安。礼之报，乐之反，其义一也。(《乐记》)

【说明】

音乐的表现形态，是单向式的直接给予，人们只有接受而已；礼尚往来，所以是有施有报的形态。音乐是直接唱出发自内心的感情，而礼却必须追念所以产生这份感情的缘由。所以音乐的主题可以纯粹是彰明盛德，颂扬功业，而礼的要旨则在于追返原始，感念这份德业。因此音乐的功能是赞美，由赞美咏叹而导归于中正平和；礼的功能是感念，由感激怀念而导引深思恩情的来由，从而敦厚人的情性。

赞美咏叹固然求其满足，然而不加抑制，流于溢美谄媚，那就反为不美了。因此乐曲一定要有章节的回返，使主题部分由于再三地回返重复而更能明显。这种道理，西洋的古典乐曲固然不例外，就连现代的流行歌曲又何尝不是主调的再三重复，只不过变换歌词而已。

礼的往来，是重在人来而我往，人有施于我，我当报于人的精神。中国古代没有因果观念，所以也没有施恩望报的想法。当人家有恩于我，人家并没有存有希望获得报偿的念头，更没有索求报偿的权利。因此在我可以回报，也可以不必回报，不予回报也并没有错。在这种情形下，礼的教育是鼓励人能因感念恩情而予以回报。虽然这已经是在最低限度以内可以不做的事，尚且还能勉强去做，那么其他应该做的事，当然更能切实做到了。同时由于有来有往，自然能因而加深彼此间的感情；人与人之间感情的增进，必然给社会带来了人情的温暖，当然是值得鼓励的了。

子夏论乐

魏文侯有一次向子夏请教说：

“我要是穿戴整整齐齐的，在听古典雅正的乐曲时，必须经常要提醒自己别打瞌睡才行。可是在听郑国或卫国的音乐时，那可不同了，我从来也不会感到厌倦。请问古代的乐曲为什么会那样令人感到沉闷？而新的音乐又为什么会这样令人感到兴奋呢？”

子夏回答说：

“我们先来谈谈古代的乐曲，表演的时候动作是同进同退，步伐一致；声调是平和正大，气象宽广；所有管弦乐器的演奏，必须严格遵守鼓声的节制，而与之相配合。开始时是缓慢而优美的鼓声，结束时是急骤的金属乐器的打击声，中间用皮袋装糠名叫‘相’的节拍乐器来调整节度杂乱的行列，用长筒形状叫‘雅’的节拍乐器来督促迅速前进的动作。于是有德的君子在这时就可以加以解说讨论，说明这些乐曲里面所蕴涵的古代传统意识，以及音乐和修身齐家平天下相关的道理。这就是古代乐曲所能显示的效果。现在我们再来谈谈新的音乐，表演时进退的动作是歪扭弯曲的，声音是放浪而邪乱的，已经足以使人陷溺其中而不能自我克制，再加上一些戏剧性的杂耍，还有小矮人、小猴子、男男女女混杂在一起，根本不知道什么是男女界限，更不知道还有父子尊卑的差别。直到音乐终了，也不可能对音乐的内涵作任何的说明，更无法希望借此能对古代传统的意识观念，获得什么体认。这就是新的时代音乐所能显示的效果。您今天所问的是真正的乐曲，但您所喜欢的却只是单纯的音响。有内涵的乐曲和单纯的音响享受，好像很相近，但实质上毕竟有所不同。”

【原文】

魏文侯问于子夏曰：“吾端冕而听古乐，则唯恐卧；听郑、卫之音，则不知倦。敢问古乐之如彼何也？新乐之如此何也？”子夏对曰：“今夫古乐，进旅退旅，和正以广，弦匏笙簧，会守拊鼓，始奏以文，复乱以武，治乱以相，讯疾以雅。君子于是语，于是道古，修身及家，平均天下。此古乐之发也。今夫新乐，进俯退俯，奸声以滥，溺而不止，及优侏儒，犹杂子女，不知父子，乐终不可以语，不可以道古。此新乐之发也。今君之所问者乐也，所好者音也；夫乐者与音相近而不同。”(《乐记》)

【说明】

《礼记·乐记篇》，是一篇仅有的讨论有关音乐理论的文字，这一段借子夏之口，说明古代平和正大的乐曲和当时郑、卫的流行音乐的不同。其最大的不同，并不是在形式动作方面，而是说明古乐往往有崇高的理想和教育的作用，和新乐只求感官的享受，其价值自不可同日而语。这种价值的评判标准，用之于今天，也同样有效。

第四章　生活的规范

对父母的礼（一）

凡是为人子女的礼，冬天要留意父母是否够温暖，夏天要留意父母是否够清凉；每天晚上要替父母把床铺好，使他们能舒适地安眠；每天早晨要亲自向父母问候请安，关心父母的身体状况；在父母面前，平辈之间不可以争宠。

见到父亲的好朋友，没有叫我到面前来，不敢随便往前进；没有叫我离开，不敢随便往后退；没有直接问到我，不敢随便插口应对；这也是孝子应有的行为。

为人子女者，如果要出门，一定要当面禀告父母，得到父母允许才能出门；回来时一定要当面见到父母，使父母安心。出去玩一定有经常去的场所，所学习的一定有正常的作业。

为人子女的，平常在家里不可以占据一家最尊贵的位置，不可以坐在席位的正当中，不可以走在道路的中央，也不可以站在门的当中。家里请客宴会，不可以擅作主张计较多少。家里举行祭祀，不可以担任代表被祭者之尸主，接受家人的祭拜。时时注意父母的意旨，在父母还没有说出或指示以前，已经自动地把该做的事做好。在外面不敢随便爬到高的地方，也不敢下临深渊，不轻易讥评别人，也不随便嬉笑。

一个孝顺的孩子，不会做见不得人的事，也不会行险以求侥幸，因为恐怕会因此而连累父母，使父母蒙受羞恶的名声。

父母在世，不可以为朋友卖命，也不可以有自己的私蓄。

为人子女者，父母都在世时，衣冠都不可以用素色的镶边。如果是父亲已经去世，孤子当家主事者，衣冠不可以用彩色的镶边。

【原文】

凡为人子之礼，冬温而夏凊，昏定而晨省，在丑夷不争。

见父之执，不谓之进，不敢进；不谓之退，不敢退；不问，不敢对；此孝子之行也。

夫为人子者，出必告，反必面，所游必有常，所习必有业。

为人子者，居不主奥，坐不中席，行不中道，立不中门，食飨不为概，祭祀不为尸；听于无声，视于无形；不登高，不临深，不苟訾，不苟笑。

孝子不服暗，不登危，惧辱亲也。父母存，不许友以死，不有私财。

为人子者，父母存，冠衣不纯素；孤子当室，冠衣不纯采。（《曲礼上》）

【说明】

《曲礼》是古代的一部礼书，内容都是记载着一些日常生活中应该注意的细小规矩。“曲”是委曲详尽的意思，把这些细枝末节的生活规矩详细地记载下来，就是《曲礼》了。《曲礼》的形式大概是条列式的，可惜原书早已亡佚。《礼记·礼器篇》说：“曲礼三千。”全都是生活细节的规矩，当然原来有三千多条，应该是可能的。《礼记》的第一篇就是《曲礼》，那是因为用全篇的第一句“曲礼曰”作篇题，就像《论语》的《学而》、《为政》篇题的来源是一样的。不过《曲礼》全篇的内容，也还是琐细生活规矩的条列，很可能有不少条就是原来《曲礼》书中的文字。现代的民众生活须知应该和当年的《曲礼》是同类型的礼书，而国民生活须知里有不少内容就是取材于《礼记·曲礼》的。

“居不主奥”的奥，是房屋建筑的一部分，许慎、郑玄都说是在房间的西南角上。台湾地区日式的建筑客厅里，角落上有一块墙壁凹进去的地方，下面是比榻榻米高出约半尺的木板，很可能就是古代奥的遗迹。那是祭神的地方，所以也是全家最尊贵的地方，但也是小孩子很容易上去玩的地方，所以《曲礼》特别关照孩子不可坐在上面。

“不纯素”、“不纯采”的“纯”字，是边缘的意思。纯素是素色的镶边，素色代表丧象，父母在堂，衣冠的边缘当然不可以镶上素色的。父亲去世，孤子当家主事，为了代表全家表示长久的哀悼与思念，所以衣冠的边缘不可以带有彩色，而用全素色的。

对父母的礼（二）

在父母或公婆的跟前，有所使唤的时候，要立即答应，恭敬地答话。在进退周旋之间，要小心谨慎，端庄恭敬。在升堂降阶，出入门户之际，要轻手轻脚地，不可放肆。不可以随便打呃，打饱嗝，打喷嚏，咳嗽，打哈欠，伸懒腰，不可以斜侧着站，也不可以倚靠着站，不可以斜着眼睛看人，不可以流口水，流鼻涕。天气突然变冷了，也不敢在亲长面前加衣服；不敢在亲长面前抓痒。没有需要操劳用力的事，不敢宽衣露臂。不是地上有水，不可以揭起衣裳；内衣和被里不可以露在外面。

随时替父母擦拭口水鼻涕，父母的冠带衣裳脏了，应该立刻换下来洗干净。衣裳绽了线或者是破裂了，即刻拿去给缝补好。五天烧一次热水请父母洗澡，三天洗一次头发；在这期间，发现父母脸上有了污垢，应该烧点热水请父母洗洗脸；脚脏了，也要烧水洗洗脚。

万一父母有了过错，应该低声下气，和颜悦色地加以劝谏。如果劝谏的话不被接纳，就要格外恭敬孝顺，使父母高兴。等父母高兴了，再来劝谏。要是父母还是不高兴，与其真的让父母得罪乡里邻居，还不如小心殷勤地再三劝谏。如果惹得父母发怒，非常不高兴，鞭打自己甚至流血，也不敢怨恨，仍旧要格外恭敬孝顺。

【原文】

在父母舅姑之所，有命之，应唯敬对。进退周旋慎齐，升降出入揖游。不敢哕噫（yuē yī）、嚏咳、欠伸、跛倚、睇视，不敢唾洟。寒不敢袭，痒不敢搔。不有敬事，不敢袒裼，不涉不撅；亵衣衾不见里。

父母唾洟不见，冠带垢，和灰请漱，衣裳垢，和灰请澣（huàn，同“浣”）；衣裳绽裂，纫箴请补缀。五日则燂（tán）汤请浴，三日具沐。其间面垢，燂潘请靧（huī），足垢，燂汤请洗。

父母有过，下气怡色柔声以谏。谏若不入，起敬起孝。说，则复谏。不说，与其得罪于乡党州闾，宁孰谏。父母怒不说，而挞之流血，不敢疾怨，起敬起孝。（《内则》）

【说明】

在父母面前能养成端庄恭敬的习惯，到社会上自然懂得端正仪态，敬顺长官。所以虽然是家庭里的“内则”，其实也正是品格教育的典范。有时听人家说，这是大家风范，那是小家子气，其差别就在子女家庭教育的严与不严。

至于父母年老，老人家跟小孩子差不多，有时也是不知寒暖，需要细心地照顾。中国传统的伦理观念，其本质是基于爱心的强调与发挥，其形式上的表现就是尽心照顾。我们对孩子的照顾固然是没有话说，对同样需要照顾的长辈也能尽心尽意，这就是促使家庭温暖、社会团结的主要因素了。

当父母有过失时，子女应该委婉地劝谏，使父母能渐渐地归于正道，这比日常的孝敬奉养的层次更高，也更难。《礼记·曲礼》说：臣下劝谏长官，三次不听，可以离职而去，子女劝谏父母，三次不听，总不能离开父母而去，所以只好一面哭着，一面听随父母。（原文："为人臣之礼不显谏，三谏而不听，则逃之；子之事亲也，三谏而不听，则号泣而随之。"）

虽然暂时听随，但哭泣仍然是一种表示，希望父母能受感动，重新考虑自己的话。这种表示，和格外地恭敬孝顺，让父母感到高兴，然后再进言的意思是一样的。但无论怎么样，父母终究是父母，父母不接纳劝谏，甚而生气之下加以打骂，子女心中也不应该有丝毫怨恨的心意。因为在奉献爱心的伦理观念下，只会因自己没有能够尽到照顾规劝的责任而感到愧疚，绝不会对父母有任何不满意的，这就是"天下无不是之父母"的真义。

对父母的礼（三）

父母如果生了病，儿子内心忧愁，头上虽然戴冠，而头发却没有心思去梳理整洁，走路的姿态也不像平时那样潇洒安逸，说话也特别谨慎起来，琴瑟乐器更是无心接触了，吃肉吃菜也不会去讲究滋味，饮酒也不至于会喝到脸红，既不会有张开嘴巴开心的大笑，也不会有粗声大气的怒骂。这种情形，一直到父母的病完全好了才恢复正常。

父母去世，虽然是极度的悲伤痛苦，吃不下，喝不下，加上精神上的创伤，身体一定会消瘦，但是不可以因此而至于形销骨立的状况，而且视力和听力也不可以因此而至于衰退的程度。在家里上堂下堂不忍心走亲人经常上下的东阶，出入也不从正门的甬道走。

如果亲人亡故，子女守丧期间的礼，头上发痒受不了才洗头，身上发痒才洗澡；自己身体不舒服，才可以喝点酒吃肉，病好了就要恢复原状。如果因为哀伤过度而病倒，承担不了丧礼的仪节，那就等于对子女不慈爱，对亲人不孝敬。五十岁的人守丧，不可以因为哀伤而过分地毁损身体；六十岁的人，不可以使身体瘦弱下去；七十岁的人，只要身上穿着丧服就可以了，照常的饮酒吃肉，而且就住在房间里，不必住在门外的倚庐之中。

【原文】

父母有疾，冠者不栉，行不翔，言不惰，琴瑟不御，食肉不至变味，饮酒不至变貌，笑不至矧，怒不至詈。疾止复故。

居丧之礼，毁瘠不形，视听不衰。升降不由阼阶，出入不当门隧。

居丧之礼，头有创则沐，身有疡则浴，有疾则饮酒食肉，疾止复初。不胜丧，乃比于不慈不孝。五十不致毁，六十不毁，七十唯衰麻在身，饮酒食肉，处于内。(《曲礼上》)

【说明】

父母亲人亡故，悲伤痛苦之下，身体消瘦是自然的事，但如果因此而瘦得不成人样，或者甚至于病倒了，这就不大好了。所以常听人说要节哀保重，就是这个意思。因为有人死亡，总是社会的损失，如果因此再使一个人病倒下去，那就又是社会的一分损失。为了避免这样的双重损失，所以必须给予善意的限制，不许瘦得形销骨立，不许哭得眼睛看不见，耳朵听不到。

如果有需要，当然可以洗头洗澡，有时还可以喝酒吃肉，以维持体力和精神。如果真的由于精神体力的不支而病倒了，那可就很严重了。

很多丧礼的仪节，如果不能亲自主持或参与，对亡故的亲人而言，当然是不孝敬；对家里下一代的子弟而言，那又是等于不爱顾。因为对于父母之丧，一辈子也不过是一两次，在这个时候如果因为自己病倒了，这种丧礼究竟应该如何进行的过程，恐怕再也没有机会做给下一代看了。对子女失去这种教育的机会，那就等于根本不慈爱自己的孩子一样。

现今大都市里，大部分都已经是小家庭的形式，老一辈的人很少和孩子们相处，无法把自己的生活经验和很多重要的意识观念教给孙辈；年轻的父母又各自忙于工作，一些做人做事应有的基本态度以及家庭里含有传统教育意义的礼节，都很少有时间教给孩子们。于是孩子们不懂礼，对家庭亲情日渐淡漠，对人生的意义与价值的认识发生偏差。这些孩子们本身的问题并不严重，问题出在父母没有真正地照顾孩子们。所以在丧礼中病倒了，并不只是一种礼节的做或者不做的问题，还包含着许多传统使命有没有继续往下传的责任问题在内。因此古人说这等于不慈不孝，就是有意借严苛的用语，让人们对此能多加思考。

对长者的礼

遇到年龄比我大一辈的，应该看作和父亲同辈来事奉；如果比我大十岁左右，那么就当作兄长一辈来事奉；只大五岁左右的，一起走路的时候，在他的旁边落后半步跟着走。五个人在一起的时候，应该让年长者另坐一席。

跟长者商量事情时，一定要替长者拿着靠几和手杖跟随着。长者问我一些问题，如果没有先作谦虚辞让就直接回答，那就是不懂得礼貌。

凡是要替长者打扫座席前面的地面时，一定要先用扫帚架在簸箕上面，再用袖子遮住，慢慢地边扫边退，要注意不能让灰尘飞扬到长者身上去，拿着簸箕向自己这面扫。

为长者铺座席时，座席横在手中两头下垂像桥拱似的，然后向长者请示，如果是座席，应该问席位朝哪个方向；如果是卧席，应该请示脚朝向哪边。席位是有尊卑上下的，如果是朝南或朝北的席位，应该以西方为尊位；如果是朝东或是朝西的席位，就以南方为尊位。

如果需要陪坐在长者旁边谈话时，不可以穿着鞋子上堂。在堂下脱鞋子的时候，要注意不可以正对着台阶。下堂准备穿鞋子的时候，应该先跪下来拿起鞋子，躲在一边去穿。如果长者亲自送客，那就一定要面向着长者穿鞋，先跪下去把鞋子移到旁边，然后再俯身套上鞋子。

【原文】

年长以倍，则父事之；十年以长，则兄事之；五年以长，则肩随之。群居五人，则长者必异席。

谋于长者，必操几杖以从之。长者问，不辞让以对，非礼也。

凡为长者粪之礼，必加帚于箕上，以袂拘而退，其尘不及长者，以箕自向而扱之。

奉席如桥衡，请席何乡，请衽何趾。席南乡北乡，以西方为上；东乡西乡，以南方为上。

侍坐于长者，屦不上于堂，解屦不敢当阶。就屦，跪而举之，屏于侧。乡长者而屦，跪而迁屦，俯而纳屦。(《曲礼上》)

【说明】

现代很多生活方式和古代不一样，但是古代礼节的精神还是可以适用于现代的。譬如现在侍候长者，替长者端茶拿烟缸，不是和拿靠几扶杖的意思一样的吗？和长者一起谈话，抢着答话也是一样的不礼貌。有些人家进门时要脱鞋子，把鞋子脱在正当中总是不大好吧。如果主人送客，我们背对着主人，然后弯下腰去穿鞋，那样子的确不雅。如果主人是长者，就更显得不懂礼貌了。

像这些生活上的细节，实在是太多了，说不尽也学不完。但是能够有这样几条之后，自然能使我们在某些情况下，可以以此类推，至少也会提醒我们多加一分思考，避免失礼。譬如知道了古代的席位有尊卑上下，今天我们如果到了长辈家里之后，至少也会懂得先站在一边，打量一下客厅的布置，选择适当的位置坐下，而不会冒失地坐进主人的沙发里去。如果是好几个人一起去的话，自然也会推让其中比较年长的，让他坐在离长者最近的座位上。虽然这些都是些细枝末节，然而却足以养成我们凡事多加思考，谨慎小心的良好生活习惯。这些礼节，小则是个人事业成就的必备条件，大则是礼仪之邦，泱泱大国风度的表现！

对老师的礼

跟在老师的后面走，不可以和路那边的人讲话。在路上恰巧遇见老师，要赶快跑到面前去，恭敬地拱手站好，老师如果有话要说，就好好地回答；如果没有什么事情交代，那就赶快告辞退下。

学生到老师家，将要在席位上坐下时，容态要庄重，不可以嬉皮笑脸的。两手提起衣裳的下摆离地一尺，坐下时就不会碍事。坐下之后，不要随便拨弄衣服，脚也不可以张得太开。老师的书籍琴瑟刚好就在身前的话，应该坐下去然后把它们移开，千万不可以由上面跨过去。

如果只是谈话，应该尽量往后面坐；如果是饮食，就要尽量靠前坐。坐的姿势一定要稳定，保持自然的仪态。长者没有问到自己，不可以随便插嘴。容貌要端正，听讲要恭敬。该自己说话时，不要把人家的话拿来作为自己的意见，也不可以随声附和别人的意见；说话一定要根据过去的事实，或是引述古圣先王的格言。

陪着老师坐谈时，老师如果有话要问，要等到老师问完了以后再回答。如果有课业上的问题，要向老师请教时，一定要先站起来；如果还需要老师作进一步的说明时，也要先站起来再问。当父亲召唤的时候，不可以拖长了声音慢慢地答应，老师召唤时也一样，要快而且很干脆地回答，而且还要站起来。

陪着尊长坐谈，如果看到尊长打哈欠、伸懒腰，或是准备拿起手杖或鞋子，或者是抬头看看日影的早晚，这时候陪坐的人就应该告辞退出了。陪着尊长坐谈时，如果尊长另起话头问到别的事情，那就应该起立回答。陪着尊长坐着谈话时，如果有人进来说："待一会儿，还有别的事情要和您谈。"这时候陪坐的人就应该退避到旁边去等着。

【原文】

从于先生，不越路而与人言。遭先生于道，趋而进，正立拱手。先生与之言，则对；不与之言，则趋而退。

将即席，容毋怍，两手抠衣去齐尺，衣毋拨，足毋蹶。先生书策琴瑟在前，坐而迁之，戒勿越。

虚坐尽后，食坐尽前。坐必安，执尔颜。长者不及，毋儳言。正尔容，听必恭，毋剿说，毋雷同。必则古昔，称先王。

侍坐于先生，先生问焉，终则对。请业则起，请益则起。父召无诺，先生召无诺，唯而起。

侍坐于君子，君子欠伸，撰杖屦，视日蚤莫，侍坐者请出矣。侍坐于君子，君子问更端，则起而对。侍坐于君子，若有告者曰："少闲，愿有复也。"则左右屏而待。(《曲礼上》)

【说明】

课业上有问题，需要向老师请教，或者要求老师作更进一步的补充说明时，学生应该自己先站起来，老师如果要叫某一学生回答问题时，学生也应该站起来；今天在学校的教室里也是这样的。这就是尊师重道的精神。学生能尊敬老师，老师自然会更加认真地教学，于是所教给学生的课业更精彩，德业更纯粹，学生的收获当然就更丰富。所以学生能知尊师重道，收益最大的还是学生。

男女界限的礼

男的和女的，不可以混杂坐在一起，衣服也不可以挂在同一只衣架上面；各有各的面巾、梳子，不可以乱用；拿东西也不可以亲手传递。嫂嫂和小叔之间不可以相互关顾，不可以让叔母或庶母替自己洗内衣。外面的街谈巷语，不要带进家里，家里的琐细也不要传到外面去。女子成年佩戴缨饰之后，如果不是重大的变故，不可以随便走进她的房间。姑妈、姊妹、女儿，凡是已经出嫁的，回到家里来的时候，就连她们的亲兄弟也不可以同坐在一张席位上，不可以同用一个器皿进餐。父亲和子女也不可以同坐在一张席位上。

男女之间，如果没有经过媒人的撮合，不可以私下里交换名字。没有正式接受聘礼之前，双方不可以互相交往或亲近。所以婚礼的进行一定要把日期向政府登记，而且要举行家祭禀告祖先，准备筵席邀请乡里的邻居和同事朋友，这些仪式手续，都是为了要加重男女之别而设置的。

【原文】

男女不杂坐，不同椸枷（yí jiā），不同巾栉，不亲授。嫂叔不通问，诸母不漱裳。外言不入于梱（kǔn）。内言不出于梱。女子许嫁、缨，非有大故，不入其门。姑、姊妹、女子，已嫁而反，兄弟弗与同席而坐，弗与同器而食。父子不同席。

男女非有行媒，不相知名；非受币，不交不亲。故日月以告君，齐戒以告鬼神，为酒食以召乡党僚友，以厚其别也。（《曲礼上》）

【说明】

古礼对于男女之间的界限，要求比较严格，其用意在于防微杜渐而已。所以《礼记·经解》说：礼的教化作用，事实上往往是隐微看不见的，是在邪恶还没有形成以前，礼就已经加以制止了，使人们一天一天地趋向善良，远离罪恶，而自己却都还不知道。（原文：“故礼之教化也微，其止邪也于未形，使人日徙善远罪而不自知也。”）任何礼的形成，必然有其背景或因素。最早时期人类聚居生活，男女之间当然没有什么界限。由野蛮渐进到文明的社会之后，自然会感到男女无别造成很多罪恶和问题，不加以限制，秩序不能建立，社会不能成型，所以才会有礼的严格要求。

有了礼的限制之后，夫妻关系正常，家庭健全，社会才得以进步。而礼的作用，在一切正常的情况下，反而看不出来。但是如果由于看不出礼的作用，或误认为是不必要的限制，而再予以撤除或破坏的话，男女无别，淫欲泛滥，形成严重的社会道德问题之后，再想挽回就很困难了。所以古代宁可承担严格、保守、不开通的批评，而仍然保有礼对男女之间的约束限制，可说正是见其大而遗其小的睿智决定。这些地方，也是今日我们值得深思的课题。

幼童教育（一）

在幼小的孩子面前，大人经常要把诚实不欺的榜样做给他看。未成年的童子，不必穿着皮衣或下裳。要教他端正站立的姿态，正面朝着一个方向，眼神不许斜瞟，也不许歪着头去侧听别人说话的样子。如果长辈要牵着他的手，必须学着用双手恭敬地捧着长辈的手。如果长辈背着孩子，回过头来对孩子说话，孩子必须用手遮口，然后回答。

【原文】

幼子常视毋诳。童子不衣裘裳。立必正方，不倾听。长者与之提携，则两手奉长者之手。负剑辟咡（è）诏之，则掩口而对。（《曲礼上》）

【说明】

从孩子开始懂事起，就应该随时注意他的仪态举止，稍稍加以教导或纠正，往往能使他一辈子享用不尽。开始时大概不外端正和恭敬两项标准，能让孩子时时注意这两项标准，相信这孩子在成长的过程中绝对不会变坏。然后再渐渐教导他注意谨慎、勤劳、敦厚、朴实等其他的生活观念，一直到成人为止。也由此可见，以前的家庭教育对一个成人的培塑，所占的分量是多么的重了。

孩子不穿皮衣，因为皮衣太暖，小孩子血气旺盛，不需要那样的娇惯。不穿下裳，裳像拖到脚面的裙子，孩子要让他学做家事，穿裳当然不方便。童子穿黑色布料的短衣裤。

幼童教育（二）

孩子到了能吃饭的时候，一定要教他习惯使用右手。会说话了，要教他学会答应。男孩的答应是快而且很干脆，女孩就比较柔和。身上的佩囊，男孩用皮革，女孩用丝缯的质料。六岁开始，教他会数数，教他认识东南西北的方向。七岁起，教他男女有别，不可以同坐一个席位，不在一起用餐。八岁，教他在出入门户或到席位上饮食的时候，一定要跟在长者的后面，开始让他学习如何谦让。九岁，教他天干地支以及初一、十五等计算日期的方法。到十岁的时候，就要出外去求学，不住在家里，跟着老师学习写字读书和数学，穿着的衣裤不许用丝质的，还是跟以前一样。从早到晚学习洒扫应对进退的礼节，勤勉地读书写字，学习着诚实无欺的品德教育。到了十三岁，就要学习音乐、读诗、练习文舞。十五岁以上的成童，就学习武舞和射箭御马的技术。

【原文】

子能食食，教以右手。能言，男唯女俞。男鞶（pán）革，女鞶丝。六年，教之数与方名。七年，男女不同席，不共食。八年，出入门户及即席饮食，必后长者，始教之让。九年，教之数日。十年，出就外傅，居宿于外，学书计，衣不帛襦袴，礼帅初。朝夕学幼仪，请肄简谅。十有三年，学乐，诵诗，舞勺。成童，舞象，学射御。(《内则》)

【说明】

男孩女孩在十岁以前，家里所给予的教育是相同的。十岁以后，男孩就要到外面去跟老师学，女孩则留在家里，当然从此以后的教育内容就不一样了。十岁以后，男孩要学“幼仪”，这是正式的少年生活教育。可惜这些都没有保存下来，不过宋代以后，倒是有不少《小学》(朱熹)、《童蒙训》(吕本中)、《幼仪杂箴》(方孝孺)等有关幼学的著作，可以作为参考。至少由《礼记》的《内则》、《少仪》、《文王世子》这几篇里，还可以看得出，古代对于童稚的教育不但很重视，而且是配合身心发展有计划地实施。

一般生活规矩

在日常的生活中，要注意自己的仪容姿态。不可以侧着耳朵作探听隐秘的样子，不要大着喉咙粗声粗气地答应，不可以眼神不定，四处游移，不可以放肆松懈，一副懒懒的样子。走路时不可以大剌剌地，傲慢不恭谨，站立时不可以一脚长一脚短地歪斜着身子，坐着的时候不可以把两腿分开往前伸出，像只簸箕似的，睡觉时不要俯伏在床上睡。头发要梳好扎好，不要让它披垂下来，头上戴的冠不可以随便取下来，就是在劳动的时候，也不可以袒露身体，就是大热天也不可以把下裳掀起来。

将要到别人家里去做客人，不能要求完全依照自己的习惯。将要走上堂阶时，一定要先扬声发问。看见人家房门口摆着两双鞋子，如果可以听得到房间里面说话的声音，那就可以走进去；如果没有听到里面的说话，那就不可以贸然地闯进去。将要进入房门，眼睛一定要往地下看。进门之后，两手恭敬地拱在胸前，眼神不可以前后左右到处乱看。人家的房门原来是开着的，还照样让它开着；原来是关着的，也依旧给关上。如果身后还有人要进来，就不要把门关紧。进了房间之后，要注意不可以踩着别人的鞋子，也不可以从别人的席位上跨越过去。进入室内之后，要提起下裳很快地先走到角落上去，可以借此看清楚适当的座位。答话的时候，无论是快答或是慢答，一定要小心应对。

【原文】

毋侧听，毋噭应，毋淫视，毋怠荒。游毋倨，立毋跛，坐毋箕，寝毋伏。敛发毋髢（tì），冠毋免，劳毋袒，暑毋褰裳。

将适舍，求毋固，将上堂，声必扬。户外有二屦，言闻则入，言不闻则不入。将入户，视必下。入户奉扃（jiōng），视瞻毋回。户开亦开，户阖亦阖。有后入者，阖而勿遂。毋践屦，毋踖（jí）席。抠衣趋隅，必慎唯诺。(《曲礼上》)

【说明】

以前曾经听老一辈教孩子，要“立如松，坐如钟，卧如弓”，或者说“坐要有个坐相，站要有个站相，吃要有个吃相”，坐着不许跷二郎腿，尤其不许腿的抖动，不可以抢菜，不许张着嘴巴嚼等，也许都是日常生活中非常琐细的仪态动作的规矩；但是日积月累地耳提面命之下，的确能使人逐渐地形成恂恂儒雅，端庄大方的典型，一望即知是注重教养的家庭出来的子弟，随处都会受人器重。至少到别人家里，不会没有分寸地乱闯，失礼失态而自己还不知道为什么不受欢迎。